# O QUE O EXCEL 365 POSSUI DE DIFERENTE DAS OUTRAS VERSÕES

O Excel 365 é uma versão do Microsoft Excel que faz parte do pacote Microsoft 365 (anteriormente conhecido como Office 365). Ele compartilha muitos recursos e funcionalidades com outras versões mais antigas do Excel, como o Excel 2019, Excel 2016 e assim por diante. No entanto, existem algumas diferenças importantes que o Excel 365 oferece em relação às versões mais antigas, principalmente devido ao modelo de entrega baseado em nuvem e às atualizações contínuas. Aqui estão algumas das principais diferenças:

1. **Modelo de Assinatura e Atualizações Contínuas:** O Excel 365 é fornecido como parte do Microsoft 365, que é baseado em um modelo de assinatura. Isso significa que os usuários recebem atualizações regulares e novos recursos automaticamente, sem a necessidade de comprar uma nova versão do software. Versões mais antigas do Excel requerem a compra de novas edições para obter recursos atualizados.

2. **Armazenamento em Nuvem:** O Excel 365 está integrado ao OneDrive, o serviço de armazenamento em nuvem da Microsoft. Isso permite que os usuários acessem e editem suas planilhas de qualquer lugar e em qualquer dispositivo com acesso à internet. As versões mais antigas do Excel podem não oferecer essa integração ou depender de soluções de armazenamento em nuvem separadas.

3. **Colaboração em Tempo Real:** O Excel 365 permite a colaboração em tempo real em documentos compartilhados. Vários usuários podem editar uma planilha ao mesmo tempo e ver as alterações dos outros em tempo real. Versões mais antigas do Excel podem não oferecer essa capacidade de colaboração em tempo real.

4. **Integração com Aplicativos e Serviços da Microsoft:** O Excel 365 se integra de maneira mais profunda com outros aplicativos e serviços da Microsoft, como o Microsoft Teams, SharePoint e Power BI. Isso facilita a colaboração e o compartilhamento de dados entre aplicativos.

5. **Inteligência Artificial e Análise de Dados Avançada:** O Excel 365 inclui recursos avançados de análise de dados, como a função IDEAL, que usa inteligência artificial para prever valores, e a integração com o Power Query e o Power Pivot para análise de

dados em larga escala. Esses recursos podem não estar disponíveis em versões mais antigas.

6. **Aprimoramentos de Segurança e Conformidade:** O Excel 365 inclui recursos aprimorados de segurança e conformidade para proteger os dados empresariais e atender a regulamentações específicas. Isso é especialmente relevante para organizações que precisam de altos padrões de segurança.

7. **Aplicativos Web e Móveis:** O Excel 365 oferece versões da web e para dispositivos móveis que permitem acessar e editar planilhas em navegadores da web e aplicativos móveis, independentemente do sistema operacional.

8. **Personalização e Automatização com VBA:** O Excel 365 oferece suporte à programação VBA (Visual Basic for Applications) para automação avançada e personalização de planilhas, semelhante às versões mais antigas do Excel.

Lembre-se de que as diferenças específicas podem variar entre as diferentes edições do Excel 365, como o Excel Online, Excel para Windows e Excel para Mac. Portanto, é importante verificar as características específicas da edição do Excel 365 que você está usando para entender completamente as vantagens que ela oferece em comparação com as versões mais antigas.

# SUMÁRIO

# CAPÍTULO 1: CONCEITOS BÁSICOS DO EXCEL

## 01 – INTRODUÇÃO

### APRESENTANDO O EXCEL 365

O Excel 365 é uma poderosa ferramenta de planilhas eletrônicas que permite aos usuários organizar, analisar e visualizar dados de forma rápida e fácil. Ele é uma ferramenta essencial para empresas de todos os tamanhos, bem como para indivíduos que precisam trabalhar com dados.

O Excel 365 oferece uma variedade de recursos e funcionalidades, incluindo:

- Uma interface de usuário intuitiva que é fácil de aprender e usar.

- Uma ampla gama de ferramentas e funções que permitem aos usuários realizar uma variedade de tarefas.

- A capacidade de importar e exportar dados de uma variedade de fontes.

- A capacidade de colaborar com outros usuários em planilhas.

- A capacidade de criar gráficos e tabelas para visualizar dados.

    O Excel 365 também oferece uma variedade de recursos e funcionalidades novos e aprimorados, incluindo:

- Aplicativos móveis atualizados que permitem aos usuários trabalhar com planilhas do Excel em qualquer lugar.

- Novos recursos de colaboração que facilitam o trabalho em equipe em planilhas.

- Novas funções e fórmulas que ajudam os usuários a trabalhar com dados de forma mais eficiente.

- Melhorias no desempenho que tornam o programa mais rápido e eficiente.

O Excel 365 é uma ferramenta poderosa e versátil que pode ser usada para uma variedade de tarefas. Com um pouco de prática, você pode aprender a usar o Excel para melhorar sua produtividade e eficiência.

## AQUI ESTÃO ALGUNS EXEMPLOS DE COMO O EXCEL PODE SER USADO:

- Empresas podem usar o Excel para rastrear vendas, custos e estoque.

- Indivíduos podem usar o Excel para gerenciar suas finanças pessoais, planejar eventos e acompanhar tarefas.

- Educadores podem usar o Excel para criar atividades e materiais de aprendizado.

- Cientistas podem usar o Excel para analisar dados de pesquisa.

- Atores podem usar o Excel para rastrear seus ganhos e despesas.

O Excel 365 é uma ferramenta essencial para qualquer pessoa que precise trabalhar com dados.

O Excel pode ser usado em uma variedade de situações reais, incluindo:

- Empresas: O Excel é uma ferramenta essencial para empresas de todos os tamanhos. Pode ser usado para acompanhar finanças, vendas, estoque e muito mais.

- Escolas: O Excel pode ser usado para ajudar alunos a aprender sobre matemática, finanças e outros tópicos.

- Organizações sem fins lucrativos: O Excel pode ser usado para acompanhar doações, despesas e outros dados financeiros.

- Pessoas: O Excel pode ser usado para gerenciar finanças pessoais, orçamentos, listas de tarefas e muito mais.

Aqui estão alguns exemplos específicos de como o Excel pode ser usado em situações reais:

- Uma empresa pode usar o Excel para rastrear as vendas de seus produtos ou serviços. Isso pode ajudar a empresa a identificar tendências de vendas e a tomar decisões sobre preços e marketing.

- Uma escola pode usar o Excel para criar um boletim informativo para os pais. O boletim informativo pode incluir informações sobre eventos escolares, notas e horários de aulas.

- Uma organização sem fins lucrativos pode usar o Excel para acompanhar o número de doações que recebeu. Isso pode ajudar a organização a estimar sua receita e a planejar seus gastos.

- Uma pessoa pode usar o Excel para criar um orçamento doméstico. Isso pode ajudar a pessoa a controlar suas despesas e a economizar dinheiro.

O Excel é uma ferramenta poderosa que pode ser usada para uma variedade de tarefas. Com um pouco de conhecimento e prática, você pode aprender a usar o Excel para melhorar sua produtividade e eficiência.

Aqui estão algumas dicas e truques no Excel 365 que podem ajudá-lo a economizar tempo e trabalhar de forma mais eficiente:

- Use atalhos de teclado: Os atalhos de teclado podem ajudá-lo a realizar tarefas rapidamente. Por exemplo, para copiar uma célula, você pode pressionar Ctrl+C. Para colar uma célula, você pode pressionar Ctrl+V.

- Use a função AutoSoma: A função AutoSoma pode ajudá-lo a somar rapidamente um intervalo de células. Para usar a função AutoSoma, selecione o intervalo de células que deseja somar e clique no botão AutoSoma na barra de ferramentas.

- Use filtros: Os filtros podem ajudá-lo a visualizar dados específicos em uma planilha. Para usar filtros, selecione as células que deseja filtrar e clique no botão Filtrar na barra de ferramentas.

- Use a formatação condicional: A formatação condicional pode ajudá-lo a destacar dados específicos em uma planilha. Para usar a formatação condicional, selecione as células que deseja formatar e clique no botão Formatação Condicional na barra de ferramentas.

- Use gráficos: Os gráficos podem ajudá-lo a visualizar dados de forma mais fácil. Para criar um gráfico, selecione os dados que deseja usar para o gráfico e clique no botão Gráfico na barra de ferramentas.

- Use tabelas dinâmicas: As tabelas dinâmicas podem ajudá-lo a analisar dados rapidamente. Para criar uma tabela dinâmica, selecione os dados que deseja usar para a tabela dinâmica e clique no botão Tabela Dinâmica na barra de ferramentas.

- Use a barra de Pesquisa para encontrar recursos e informações rapidamente.

- Use a Ajuda do Excel para obter ajuda sobre como usar o programa.

- Acompanhe as novidades do Excel visitando o site da Microsoft.

Com um pouco de prática, você pode aprender a usar essas dicas e truques para se tornar um usuário mais eficiente e calculista do Excel.

## OBJETIVO

O objetivo desta apostila de Excel é ensinar os usuários a usar o programa de planilhas eletrônicas da Microsoft. As apostilas podem ser usadas para ensinar desde os conceitos básicos do Excel até as técnicas mais avançadas.

As apostilas de Excel podem ser usadas para uma variedade de propósitos, incluindo:

- Aprendizado autodidata: As apostilas de Excel são uma ótima maneira de aprender a usar o programa por conta própria.

- Treinamento corporativo: As apostilas de Excel podem ser usadas para treinar funcionários em como usar o programa no ambiente de trabalho.

- Educação formal: As apostilas de Excel podem ser usadas como material de apoio em cursos de informática.

A apostila de Excel pode ser escrita para diferentes níveis de conhecimento, desde iniciantes até usuários avançados. Ela pode abordar uma variedade de tópicos, incluindo:

- Introdução ao Excel: Este tópico apresenta os conceitos básicos do Excel, como criação de planilhas, entrada de dados e formatação.

- Fórmulas e funções: Este tópico ensina os usuários como usar fórmulas e funções para realizar cálculos e análises de dados.

- Gráficos e tabelas: Este tópico ensina os usuários como criar gráficos e tabelas para visualizar dados.

- Funções avançadas: Este tópico aborda técnicas avançadas do Excel, como macros e VBA.

A escolha da apostila de Excel ideal depende das necessidades do usuário. Se você é um iniciante, procure uma apostila que apresente os conceitos básicos do programa de forma clara e concisa. Se você é um usuário avançado, procure uma apostila que aborde técnicas mais avançadas.

Aqui estão algumas dicas para escolher uma apostila de Excel:

- Verifique o nível de conhecimento do público-alvo: Certifique-se de que a apostila está escrita para o seu nível de conhecimento.

- Leia as avaliações de outros usuários: As avaliações podem ajudá-lo a decidir se a apostila é adequada para você.

- Considere o formato da apostila: Escolha um formato que você ache agradável e fácil de usar.

Com um pouco de pesquisa, você pode encontrar a apostila de Excel perfeita para aprender a usar este poderoso programa.

Os conceitos básicos do Excel 365 são os fundamentos que você precisa saber para começar a usar o programa. Eles incluem:

- Criação de planilhas: Uma planilha é um documento do Excel que contém dados e fórmulas.

- Entrada de dados: Você pode inserir dados em uma planilha usando o teclado, o mouse ou um scanner.

- Formatação de dados: Você pode formatar dados em uma planilha para torná-los mais legíveis e atraentes.

- Uso de fórmulas: As fórmulas são usadas para realizar cálculos em uma planilha.

- Criação de gráficos: Os gráficos são usados para visualizar dados de uma maneira gráfica.

Aqui estão alguns tópicos específicos que você pode aprender sobre os conceitos básicos do Excel 365:

- Noções básicas de células: As células são os blocos de construção das planilhas do Excel.

- Noções básicas de linhas e colunas: As linhas e colunas são usadas para organizar os dados em uma planilha.

- Navegação na planilha: Você pode navegar em uma planilha usando o mouse, o teclado ou a barra de rolagem.

- Seleção de células: Você pode selecionar células para manipular dados ou aplicar formatação.

- Copiar e colar dados: Você pode copiar e colar dados entre células ou planilhas.

- Formatação condicional: A formatação condicional é usada para destacar dados que atendem a certos critérios.

- Fórmulas básicas: As fórmulas básicas incluem adição, subtração, multiplicação e divisão.

- Funções básicas: As funções básicas são usadas para realizar cálculos específicos.

- Gráficos básicos: Os gráficos básicos incluem gráficos de colunas, gráficos de linhas e gráficos de pizza.

Aprendendo os conceitos básicos do Excel 365, você estará no caminho certo para usar este poderoso programa para organizar, analisar e visualizar dados.

Aqui estão algumas dicas para aprender os conceitos básicos do Excel 365:

- Comece com os conceitos básicos: Não tente aprender tudo de uma vez. Comece com os conceitos básicos e depois avance para conceitos mais avançados.

- Pratique: A melhor maneira de aprender os conceitos básicos do Excel 365 é praticando. Crie planilhas, insira dados, use fórmulas e crie gráficos.

- Use recursos de aprendizado: Existem muitos recursos disponíveis para ajudá-lo a aprender os conceitos básicos do Excel 365. Você pode encontrar tutoriais, cursos online e vídeos que podem ajudá-lo a começar.

Com um pouco de prática e dedicação, você poderá aprender os conceitos básicos do Excel 365 e começar a usar este poderoso programa.

## INTERFACE DO EXCEL

A interface do Excel 365 é dividida em três áreas principais:

- A barra de título: A barra de título fica na parte superior da janela do Excel e mostra o nome do arquivo atual.

- A barra de menus: A barra de menus fica logo abaixo da barra de título e contém os comandos que você pode usar para trabalhar com o Excel.

- A barra de ferramentas de acesso rápido: A barra de ferramentas de acesso rápido fica à direita da barra de menus e contém os comandos mais usados no Excel.

Além dessas três áreas principais, a interface do Excel 365 também inclui:

- A barra de rolagem: As barras de rolagem ficam nas laterais da janela do Excel e são usadas para mover a tela para cima, para baixo, para a esquerda ou para a direita.

- A área de trabalho: A área de trabalho é a parte principal da janela do Excel e é onde você cria e edita suas planilhas.

- A barra de fórmulas: A barra de fórmulas fica logo abaixo da área de trabalho e é usada para inserir e editar fórmulas.

- A barra de status: A barra de status fica na parte inferior da janela do Excel e mostra informações sobre a célula selecionada, o modo de entrada e o status da impressão.

A interface do Excel 365 é personalizável, o que significa que você pode alterar a aparência e a disposição dos elementos da interface. Você pode mover, ocultar ou exibir os elementos da interface conforme sua preferência.

Para personalizar a interface do Excel 365, siga estas etapas:

1. Clique na guia Arquivo.

2. No grupo Opções, clique em Opções do Excel.

3. Na caixa de diálogo Opções do Excel, clique na guia Personalizar Ribbon.

4. Na lista Personalizar a Faixa de Opções, selecione os comandos que você deseja exibir na barra de menus.

5. Para mover um comando para uma posição diferente na barra de menus, clique no comando e arraste-o para a posição desejada.

6. Para ocultar um comando, desmarque a caixa de seleção ao lado do comando.

7. Clique em OK para salvar suas alterações.

A interface do Excel 365 é um recurso importante que permite que você trabalhe com eficiência no programa. Personalizando a interface, você pode criar uma experiência de trabalho que atenda às suas necessidades específicas.

## NAVEGAÇÃO NAS PLANILHAS DE EXCEL

### CRIAÇÃO DE PLANILHAS

Para criar uma planilha no Excel, siga estas etapas:

1. Inicie o Excel.

2. Na tela inicial, clique em Novo.

3. Selecione o tipo de planilha que deseja criar.

# CLIQUE EM CRIAR

## INSERÇÃO DE DADOS

Para inserir dados em uma planilha, siga estas etapas:

1. Clique na célula onde deseja inserir os dados.

2. Digite os dados.

3. Pressione Enter para confirmar a entrada.

## FORMATAÇÃO DE DADOS

Para formatar os dados em uma planilha, siga estas etapas:

1. Selecione os dados que deseja formatar.

2. Use as ferramentas de formatação na faixa de opções para alterar o tamanho da fonte, o estilo, a cor e o alinhamento do texto. Você também pode aplicar bordas, preenchimentos e efeitos especiais às células.

   As planilhas do Excel 365 são organizadas em linhas e colunas, que são identificadas por números e letras, respectivamente. As células são os pontos de encontro de linhas e colunas, e são identificadas pela combinação de número e letra. Por exemplo, a célula na primeira linha e primeira coluna é A1.

   Você pode navegar em uma planilha do Excel 365 usando o mouse, o teclado ou a barra de rolagem.

- Para navegar com o mouse, clique na célula que você deseja selecionar.

- Para navegar com o teclado, use as teclas de seta para mover o cursor de célula em célula.

- Para navegar com a barra de rolagem, arraste a barra de rolagem para cima ou para baixo ou para a esquerda ou para a direita.

Você também pode usar o painel de navegação para navegar entre as planilhas de uma pasta de trabalho. O painel de navegação fica na lateral esquerda da janela do Excel e mostra uma lista de todas as planilhas da pasta de trabalho.

Para navegar com o painel de navegação, clique na planilha que você deseja selecionar.

Aqui estão algumas dicas para navegar nas planilhas do Excel 365:

- Use atalhos de teclado para navegar mais rapidamente. Por exemplo, você pode usar a tecla Home para mover o cursor para a primeira célula da linha atual, a tecla End para mover o cursor para a última célula da linha atual, a tecla Ctrl + Home para mover o cursor para a primeira célula da planilha e a tecla Ctrl + End para mover o cursor para a última célula da planilha.

- Use o painel de navegação para navegar rapidamente entre as planilhas de uma pasta de trabalho.

- Use a barra de rolagem para visualizar áreas da planilha que não estão visíveis na tela.

Aprendendo a navegar nas planilhas do Excel 365, você estará no caminho certo para trabalhar com eficiência no programa.

## INSERIR, EXCLUIR E RENOMEAR PLANILHAS

s células, colunas e linhas são os blocos de construção das planilhas do Excel 365. As células são os pontos de encontro de linhas e colunas, e são identificadas pela combinação de número e letra. Por exemplo, a célula na primeira linha e primeira coluna é A1.

## CÉLULAS

As células são usadas para armazenar dados, como texto, números, fórmulas e funções. Você pode inserir dados em uma célula usando o teclado ou o mouse.

Para inserir dados em uma célula usando o teclado, clique na célula e digite os dados.

Para inserir dados em uma célula usando o mouse, clique na célula e selecione os dados que você deseja inserir.

## COLUNAS

As colunas são identificadas por letras do alfabeto, começando com A e terminando com Z. As colunas são organizadas verticalmente na planilha.

Para selecionar uma coluna, clique na letra da coluna na parte superior da planilha.

Para selecionar várias colunas, clique na letra da primeira coluna e arraste o cursor para selecionar as colunas desejadas.

## LINHAS

As linhas são identificadas por números, começando com 1 e terminando com 65536. As linhas são organizadas horizontalmente na planilha.

Para selecionar uma linha, clique no número da linha na parte esquerda da planilha.

Para selecionar várias linhas, clique no número da primeira linha e arraste o cursor para selecionar as linhas desejadas.

# TRABALHANDO COM CÉLULAS, COLUNAS E LINHAS

Você pode trabalhar com células, colunas e linhas usando o mouse, o teclado ou os comandos do menu.

## USANDO O MOUSE

Para selecionar uma célula, coluna ou linha usando o mouse, clique na célula, coluna ou linha desejada.

Para mover uma célula, coluna ou linha usando o mouse, clique na célula, coluna ou linha desejada e arraste-a para a nova posição.

## USANDO O TECLADO

Para selecionar uma célula, coluna ou linha usando o teclado, use as teclas de seta para mover o cursor para a célula, coluna ou linha desejada.

Para mover uma célula, coluna ou linha usando o teclado, pressione a tecla Ctrl + seta para mover o cursor uma célula, coluna ou linha para a esquerda, direita, cima ou baixo.

## USANDO OS COMANDOS DO MENU

Para selecionar uma célula, coluna ou linha usando os comandos do menu, clique na guia Página inicial e use os comandos no grupo Celulas.

Para mover uma célula, coluna ou linha usando os comandos do menu, clique na guia Página inicial e use os comandos no grupo Celulas.

Aqui estão algumas dicas para trabalhar com células, colunas e linhas no Excel 365:

- Use atalhos de teclado para trabalhar mais rapidamente. Por exemplo, você pode usar a tecla Enter para inserir dados na célula selecionada, a tecla Tab para mover o cursor para a célula à direita, a tecla Shift + Tab para mover o cursor para a célula à esquerda, a tecla Home para mover o cursor para a primeira célula da linha atual e a tecla End para mover o cursor para a última célula da linha atual.

- Use os comandos do menu para selecionar ou mover células, colunas ou linhas com mais precisão.

- Use as teclas de seta para mover o cursor para células, colunas ou linhas adjacentes.

- Use a barra de rolagem para visualizar áreas da planilha que não estão visíveis na tela.

Aprendendo a trabalhar com poderoso programa de forma eficaz. células, colunas e linhas no Excel 365, você estará no caminho certo para usar este

## SALVAR, ABRIR E FECHAR PASTAS DE TRABALHO

### SALVAR UMA PASTA DE TRABALHO

Para salvar uma pasta de trabalho, siga estas etapas:

1. Clique na guia Arquivo.

2. No grupo Salvar, clique em Salvar.

### A PASTA DE TRABALHO SERÁ SALVA NO LOCAL ATUAL.

Você também pode salvar uma pasta de trabalho com um novo nome ou em um novo local. Para fazer isso, siga estas etapas:

1. Clique na guia Arquivo.

2. No grupo Salvar, clique em Salvar como.

3.    Na caixa de diálogo Salvar como, insira um nome para a pasta de trabalho e selecione um local para salvá-la.

4.    Clique em Salvar.

## ABRIR UMA PASTA DE TRABALHO

Para abrir uma pasta de trabalho, siga estas etapas:

1.    Clique na guia Arquivo.

2.    No grupo Abrir, clique em Abrir.

3.    Na caixa de diálogo Abrir, selecione a pasta de trabalho que você deseja abrir.

4.    Clique em Abrir.

Você também pode abrir uma pasta de trabalho clicando duas vezes no nome da pasta de trabalho na área de trabalho ou na pasta em que ela está armazenada.

Fechar uma pasta de trabalho

Para fechar uma pasta de trabalho, siga estas etapas:

1.    Clique na guia Arquivo.

2.    No grupo Fechar, clique em Fechar.

A pasta de trabalho selecionada será fechada.

Observações:

• Se você fizer alterações em uma pasta de trabalho e não salvá-la, uma caixa de diálogo aparecerá perguntando se você deseja salvar as alterações.

- Se você fechar uma pasta de trabalho sem salvá-la, as alterações feitas serão perdidas.

# CAPÍTULO 2: FORMATAÇÃO DE CÉLULAS E PLANILHAS

## FORMATAÇÃO DE FONTE E NÚMERO

No Excel 365, você pode formatar fontes e números de várias maneiras para tornar suas planilhas mais atraentes e informativas. Aqui estão algumas etapas básicas para formatar fontes e números:

### FORMATANDO FONTES:

1. **Escolher a célula ou intervalo de células:** Selecione as células que deseja formatar a fonte. Você pode fazer isso clicando e arrastando o mouse sobre as células ou segurando a tecla Shift e clicando nas células individualmente.

2. **Acessar a guia "Página Inicial":** Vá para a guia "Página Inicial" na faixa de opções do Excel.

3. **Alterar o estilo da fonte:** Na guia "Página Inicial", você encontrará opções para alterar o estilo da fonte, tamanho, cor, negrito, itálico, sublinhado e muito mais. Selecione as opções desejadas para formatar o texto conforme sua preferência.

### FORMATANDO NÚMEROS:

1. **Escolher a célula ou intervalo de células:** Selecione as células que contêm números que você deseja formatar.

2. **\*\*Acessar a guia "Página Inicial" ou "Número":** Dependendo da formatação desejada, você pode usar a guia "Página Inicial" para formatar números de forma geral ou a guia "Número" para formatações mais avançadas.

3. **Formatar os números na guia "Página Inicial":** Na guia "Página Inicial", você pode usar os botões de formato numérico, como formato de moeda,

porcentagem, número com casas decimais e outros. Basta selecionar as opções desejadas.

4. **Formatar números na guia "Número":** Na guia "Número", você pode usar a caixa suspensa "Número" para escolher entre várias categorias de formatos pré-definidos, como moeda, data, hora, porcentagem, etc. Você também pode personalizar ainda mais o formato selecionando "Mais formatos de número".

5. **Personalizar a formatação:** Se você selecionar "Mais formatos de número" ou "Personalizar Número", poderá personalizar a formatação dos números com base em suas preferências, como a quantidade de casas decimais, o separador de milhares, a notação científica, etc.

Lembre-se de que a formatação das células pode ser aplicada de forma condicional, o que significa que você pode formatar automaticamente as células com base em determinados critérios, como valores maiores que um certo limite, usando a formatação condicional. Essa opção está disponível na guia "Página Inicial" sob "Formatação Condicional".

## ALINHAMENTO E ORIENTAÇÃO DE TEXTO

O alinhamento e a orientação de texto no Excel 365 permitem que você controle a posição e a direção do texto nas células. Isso pode ajudá-lo a tornar suas planilhas mais fáceis de ler e entender, bem como a destacar informações importantes.

### ALINHAMENTO DE TEXTO

O alinhamento de texto controla a posição do texto em relação à borda da célula. Você pode alinhar o texto à esquerda, à direita, no centro ou distribuir uniformemente.

Para alinhar o texto em uma célula ou intervalo de células, siga estas etapas:

1. Selecione a célula ou intervalo de células que você deseja alinhar.

2. Na guia Início, no grupo Alinhamento, selecione o alinhamento desejado.

As seguintes opções de alinhamento estão disponíveis:

- Esquerda: Alinhar o texto à esquerda da célula.

- Direita: Alinhar o texto à direita da célula.

- Centro: Alinhar o texto no centro da célula.

- Distribuído: Distribuir uniformemente o texto na célula.

## ORIENTAÇÃO DE TEXTO

A orientação de texto controla a direção do texto na célula. Você pode girar o texto para cima, para baixo ou diagonalmente.

Para girar o texto em uma célula ou intervalo de células, siga estas etapas:

1. Selecione a célula ou intervalo de células que você deseja girar.

2. Na guia Início, no grupo Alinhamento, selecione a opção de orientação desejada.

As seguintes opções de orientação estão disponíveis:

- Normal: O texto é exibido na orientação normal, de cima para baixo.

- Vertical: O texto é exibido na orientação vertical, de baixo para cima.

- Girar 90 graus: O texto é girado 90 graus para a direita.

- Girar 270 graus: O texto é girado 270 graus para a esquerda.

## EXEMPLOS DE ALINHAMENTO E ORIENTAÇÃO DE TEXTO

Aqui estão alguns exemplos de como você pode usar o alinhamento e a orientação de texto no Excel 365:

- Para alinhar o título de uma planilha ao centro da célula, selecione o título e, em seguida, selecione o Alinhamento no centro na guia Início.

- Para girar o texto em uma célula para que fique legível de cima para baixo, selecione a célula e, em seguida, selecione o Vertical na guia Início.

Com um pouco de prática, você será capaz de usar o alinhamento e a orientação de texto para criar planilhas que sejam bonitas e informativas

## ALINHAMENTO DE TEXTO AVANÇADO

Além das opções de alinhamento padrão, o Excel 365 também oferece algumas opções de alinhamento avançadas. Estas opções permitem que você controle o recuo, a indentação e o espaçamento do texto.

- Recuo: O recuo move o texto para a esquerda ou para a direita da borda da célula.

- Indentação: A indentação move o texto para dentro ou para fora da borda da célula.

- Espaçamento: O espaçamento controla a distância entre os caracteres do texto.

## PARA USAR AS OPÇÕES DE ALINHAMENTO AVANÇADO, SIGA ESTAS ETAPAS:

1. Selecione a célula ou intervalo de células que você deseja alinhar.

2. Na guia Início, no grupo Alinhamento, clique na seta ao lado do botão Alinhamento.

3. No menu suspenso, selecione as opções de alinhamento desejadas.

**As seguintes opções de alinhamento avançado estão disponíveis:**

- Recuo: Digite um valor na caixa Recuo para mover o texto para a esquerda ou para a direita da borda da célula.

- Indentação: Digite um valor na caixa Indentação para mover o texto para dentro ou para fora da borda da célula.

- Espaçamento: Digite um valor na caixa Espaçamento para controlar a distância entre os caracteres do texto.

Você também pode usar a barra de formatação para alinhar e orientar texto. Para fazer isso, selecione a célula ou intervalo de células que você deseja formatar e, em seguida, use as setas na barra de formatação para controlar o alinhamento e a orientação do texto.

## PREENCHIMENTO DE CÉLULAS E FUNDO

No Excel 365, você pode preencher células e alterar o fundo de células de várias maneiras para tornar suas planilhas mais visualmente atraentes. Aqui estão instruções detalhadas sobre como preencher células e alterar o fundo:

O preenchimento de células se refere à cor ou padrão aplicado ao interior de uma célula ou intervalo de células. Você pode preencher células com cores sólidas, gradientes, texturas, etc. Siga estas etapas:

1. **Selecione a célula ou intervalo de células que deseja preencher:**

   - Clique e arraste o mouse sobre as células para selecionar um intervalo.

   - Mantenha pressionada a tecla "Shift" enquanto clica nas células individualmente para selecioná-las.

2. **Acesse a guia "Página Inicial" na faixa de opções do Excel:**

   - Clique na guia "Página Inicial" na parte superior da janela do Excel.

3. **No grupo "Fonte", você encontrará a opção "Preenchimento de Células":**

   - Clique na seta ao lado dela para abrir um menu suspenso com opções de preenchimento.

4. **Escolha a opção de preenchimento desejada:**

   - **Cores Sólidas:** Selecione "Cores Sólidas" para escolher uma cor sólida de preenchimento. Isso abrirá uma paleta de cores onde você pode selecionar a cor desejada.

   - **Gradiente de Cores:** Selecione "Gradiente de Cores" para aplicar um gradiente de cores ao fundo das células. Você pode personalizar o gradiente nas opções avançadas.

- **Preenchimento com Textura ou Padrão:** Selecione "Preenchimento com Textura ou Padrão" para escolher entre várias texturas e padrões de preenchimento. Você pode personalizar as opções conforme necessário.

5. **Após escolher a opção de preenchimento, a célula ou intervalo de células será preenchido de acordo com a seleção.**

## ALTERAÇÃO DO FUNDO DE CÉLULAS:

Além do preenchimento, você também pode alterar o fundo de células, o que inclui a cor de fundo das células, linhas de grade e cor do tema. Siga estas etapas:

1. **Selecione a célula ou intervalo de células cujo fundo você deseja alterar:**

   - Clique nas células para selecioná-las.

2. **Acesse a guia "Design de Página" na faixa de opções do Excel:**

   - Clique na guia "Design de Página" na parte superior da janela do Excel.

3. **No grupo "Configurar Página", você encontrará a opção "Fundo da Planilha":**

   - Clique na seta ao lado dela para abrir um menu suspenso.

4. **Escolha a opção de fundo desejada:**

   - **Cor de Fundo:** Selecione "Cor de Fundo" para escolher uma cor sólida de fundo para toda a planilha.

   - **Linhas de Grade:** Selecione "Linhas de Grade" para mostrar ou ocultar as linhas de grade da planilha.

- **Cor do Tema:** Selecione "Cor do Tema" para aplicar as cores do tema atual da planilha como fundo.

5. **Após escolher a opção de fundo, a planilha será atualizada de acordo com a seleção.

Lembre-se de que essas opções de preenchimento de células e alteração de fundo são úteis para personalizar a aparência das suas planilhas no Excel 365. Você pode aplicar essas formatações para melhorar a legibilidade e o apelo visual das suas planilhas.

## BORDAS E SOMBREAMENTO

No Excel 365, você pode adicionar bordas e sombreamento a células ou intervalos de células para melhorar a aparência das suas planilhas. Isso pode ajudar a destacar informações importantes e tornar as planilhas mais organizadas. Aqui estão instruções detalhadas sobre como adicionar bordas e sombreamento:

### ADICIONAR BORDAS:

1. **Selecione a célula ou intervalo de células à qual deseja adicionar bordas:**

   - Clique e arraste o mouse sobre as células para selecionar um intervalo.

   - Mantenha pressionada a tecla "Shift" enquanto clica nas células individualmente para selecioná-las.

2. **Acesse a guia "Página Inicial" na faixa de opções do Excel:**

   - Clique na guia "Página Inicial" na parte superior da janela do Excel.

3. **No grupo "Fonte", você encontrará a opção "Bordas":**

   - Clique na seta ao lado dela para abrir um menu suspenso com opções de bordas.

4. **Escolha uma das opções de bordas disponíveis:**

   - Você pode escolher entre opções como "Borda Externa", "Borda Interna" ou "Bordas Diagonais" para aplicar diferentes estilos de borda.

5. **Após escolher a opção de borda, a célula ou intervalo de células será cercado pela borda selecionada.**

### ADICIONAR SOMBREAMENTO:

Você pode adicionar sombreamento ao fundo das células para realçar informações. Aqui estão as etapas:

1. **Selecione a célula ou intervalo de células à qual deseja adicionar sombreamento:**

   - Clique nas células para selecioná-las.

2. **Acesse a guia "Página Inicial" na faixa de opções do Excel:**

   - Clique na guia "Página Inicial" na parte superior da janela do Excel.

3. **No grupo "Fonte", você encontrará a opção "Sombreamento de Célula":**

   - Clique na seta ao lado dela para abrir um menu suspenso com opções de sombreamento.

4. **Escolha uma cor de sombreamento:**

   • Selecione a cor que deseja usar como sombreamento para as células selecionadas.

5. **A célula ou intervalo de células será preenchido com a cor de sombreamento escolhida.**

Lembre-se de que você pode combinar bordas e sombreamento para criar formatações mais complexas e personalizadas em suas planilhas. Essas opções são úteis para realçar e organizar dados de maneira eficaz.

## ESTILOS DE CÉLULA

Os estilos de célula no Excel 365 permitem que você aplique rapidamente e facilmente uma combinação de formatação a uma célula ou intervalo de células. Você pode criar seus próprios estilos de célula ou usar os estilos predefinidos do Excel.

### CRIAR UM ESTILO DE CÉLULA

Para criar um estilo de célula, siga estas etapas:

Selecione a célula ou intervalo de células que você deseja formatar.

Na guia Início, no grupo Estilos, clique em Novo estilo de célula.

Na caixa de diálogo Novo estilo de célula, defina as configurações de formatação desejadas.

Clique em OK.

O Excel atribuirá um nome ao novo estilo de célula com base nas configurações de formatação selecionadas.

Aqui estão as configurações de formatação que você pode aplicar a um estilo de célula:

- Formatação de fonte: Altera a aparência do texto em uma célula ou intervalo de células. Você pode alterar o tamanho da fonte, o tipo de fonte, a cor da fonte, o estilo da fonte e o alinhamento do texto.

- Formatação de número: Altera a aparência dos números em uma célula ou intervalo de células. Você pode alterar o formato geral do número, a precisão do número e o separador de decimais.

- Alinhamento e orientação de texto: Altera a posição e a direção do texto em uma célula ou intervalo de células.

- Preenchimento de células e fundo: Aplica uma cor, um padrão ou um efeito a uma célula ou intervalo de células.

- Bordas e sombreamento: Adiciona bordas ou sombreamento a uma célula ou intervalo de células.

## APLICAR UM ESTILO DE CÉLULA

Para aplicar um estilo de célula, siga estas etapas:

1. Selecione a célula ou intervalo de células que você deseja formatar.

2. Na guia Início, no grupo Estilos, clique no estilo de célula desejado.

O Excel aplicará o estilo de célula selecionado à célula ou intervalo de células selecionado.

## ESTILOS DE CÉLULA PREDEFINIDOS

O Excel oferece uma variedade de estilos de célula predefinidos que você pode usar. Para ver os estilos de célula predefinidos, na guia Início, no grupo Estilos, clique em Mostrar todos os estilos.

Você pode personalizar os estilos de célula predefinidos ou criar seus próprios estilos de célula a partir deles.

## EXEMPLOS DE ESTILOS DE CÉLULA

Aqui estão alguns exemplos de como você pode usar estilos de célula no Excel 365:

- Para criar uma aparência uniforme para uma planilha, use um estilo de célula para todas as células.

- Para destacar informações importantes, use um estilo de célula diferente para essas células.

- Para criar uma aparência profissional, use estilos de célula pré-definidos.

    Com um pouco de prática, você será capaz de usar estilos de célula para criar planilhas que sejam bonitas e informativas.

    Aqui estão algumas dicas para usar estilos de célula:

- Use estilos de célula para aplicar a formatação rapidamente e facilmente.

- Crie seus próprios estilos de célula para atender às suas necessidades específicas.

- Aplique estilos de célula de forma consistente para criar uma aparência uniforme.

    Dicas avançadas para estilos de célula

- Você pode criar estilos de célula personalizados que combinem várias configurações de formatação.

- Você pode aplicar estilos de célula a uma planilha inteira ou a uma seleção de células.

- Você pode salvar estilos de célula para usá-los em outras planilhas.

Para aprender mais sobre estilos de célula, consulte a ajuda do Excel.

# CAPÍTULO 3: FÓRMULAS E FUNÇÕES

## INTRODUÇÃO ÀS FÓRMULAS

As fórmulas no Excel 365 são usadas para realizar cálculos em suas planilhas. Elas podem ser usadas para adicionar, subtrair, multiplicar, dividir, calcular estatísticas e muito mais.

## ESTRUTURA BÁSICA DE UMA FÓRMULA

Toda fórmula no Excel 365 começa com um sinal de igual (=). Em seguida, a fórmula contém os operandos e os operadores. Os operandos são os valores que você está calculando, e os operadores são os símbolos que você usa para realizar os cálculos.

**Exemplos de fórmulas**

Aqui estão alguns exemplos de fórmulas simples:

- =1+2 - soma 1 e 2

- =10-5 - subtrai 5 de 10

- =5*2 - multiplica 5 por 2

- =10/5 - divide 10 por 5

Operandos

Os operandos podem ser números, texto, datas ou outras fórmulas.

Operadores

Os operadores são símbolos que você usa para realizar cálculos. Os operadores aritméticos mais comuns são:

- + - adição

- - - subtração

- ** - multiplicação

- / - divisão

---

## FUNÇÕES

---

O Excel 365 também inclui uma variedade de funções que você pode usar para realizar cálculos. As funções são blocos de código predefinidos que executam tarefas específicas.

Para usar uma função, você precisa inserir o nome da função na fórmula, seguido dos argumentos da função. Os argumentos são os valores que você está passando para a função.

### Exemplos de funções

Aqui estão alguns exemplos de funções comuns:

- SUMA: soma os valores em um intervalo de células

- MÍNIMO: encontra o valor mínimo em um intervalo de células

- MÁXIMO: encontra o valor máximo em um intervalo de células

- MÉDIA: calcula a média dos valores em um intervalo de células

### *Cálculos em intervalos de células*

Você pode usar fórmulas para calcular valores em intervalos de células. Para fazer isso, você precisa especificar o intervalo de células na fórmula.

Por exemplo, a fórmula =SUMA(A1:A10) soma os valores nas células A1 a A10.

## Dicas para usar fórmulas

- Use parênteses para controlar a ordem de operações.

- Use operadores de concatenação (CONCATENAR, &) para unir texto.

- Use referências de células para fazer referência a células em outras planilhas.

- Use a função INDIRETO() para referenciar células com base em texto.

## OPERADORES MATEMÁTICOS E ARITMÉTICOS

Os operadores matemáticos e aritméticos no Excel 365 são usados para realizar cálculos nas planilhas. Eles podem ser usados para adicionar, subtrair, multiplicar, dividir, calcular estatísticas e muito mais.

## Operadores aritméticos

Os operadores aritméticos são símbolos que você usa para realizar cálculos. Os operadores aritméticos mais comuns são:

- \+ - adição

- \- - subtração

- \*\* - multiplicação

- / - divisão

- ^ - exponenciação

- % - porcentagem

- & - concatenação

## ADIÇÃO

O operador de adição (+) é usado para adicionar dois ou mais valores. Por exemplo, a fórmula =1+2 soma 1 e 2 para retornar o valor 3.

## SUBTRAÇÃO

O operador de subtração (-) é usado para subtrair um valor de outro valor. Por exemplo, a fórmula =10-5 subtrai 5 de 10 para retornar o valor 5.

## MULTIPLICAÇÃO

O operador de multiplicação (*) é usado para multiplicar dois ou mais valores. Por exemplo, a fórmula =5*2 multiplica 5 por 2 para retornar o valor 10.

## DIVISÃO

O operador de divisão (/) é usado para dividir um valor por outro valor. Por exemplo, a fórmula =10/5 divide 10 por 5 para retornar o valor 2.

## EXPONENCIAÇÃO

O operador de exponenciação (**) é usado para elevar um valor a um expoente. Por exemplo, a fórmula =2^3 eleva 2 a 3 para retornar o valor 8.

## PORCENTAGEM

O operador de porcentagem (%) é usado para converter um valor em uma porcentagem. Por exemplo, a fórmula =10% converte 10 em uma porcentagem, retornando o valor 0,1.

## CONCATENAÇÃO

O operador de concatenação (&) é usado para unir dois ou mais valores de texto. Por exemplo, a fórmula =A1&" é "&B1 une o valor na célula A1 com o texto " é " e o valor na célula B1 para retornar o valor "1 é 2".

## ORDEM DE OPERAÇÕES

Os operadores aritméticos são avaliados na ordem PEMDAS, que significa:

- Parentheses (parênteses)

- Exponents (expoentes)

- Multiplication (multiplicação)

- Division (divisão)

- Addition (adição)

- Subtraction (subtração)

Por exemplo, a fórmula =2+3*4 é avaliada como:

1. A multiplicação é realizada primeiro, pois é anterior à adição na ordem de operações.

2. 3*4 = 12

3. A adição é realizada em seguida, resultando em 12+2 = 14

## EXEMPLOS DE FÓRMULAS

Aqui estão alguns exemplos de fórmulas que usam operadores aritméticos:

- =1+2 - soma 1 e 2 para retornar o valor 3

- =10-5 - subtrai 5 de 10 para retornar o valor 5

- =5*2 - multiplica 5 por 2 para retornar o valor 10

- =10/5 - divide 10 por 5 para retornar o valor 2

- =2^3 - eleva 2 a 3 para retornar o valor 8

- =10% - converte 10 em uma porcentagem, retornando o valor 0,1

- =A1&" é "&B1 une o valor na célula A1 com o texto " é " e o valor na célula B1 para retornar o valor "1 é 2"

Dicas para usar operadores aritméticos

- Use parênteses para controlar a ordem de operações.

- Use operadores de concatenação (CONCATENAR, &) para unir texto.

- Use referências de células para fazer referência a células em outras planilhas.

- Use a função INDIRETO() para referenciar células com base em texto.

---

## FUNÇÕES BÁSICAS (SOMA, MÉDIA, MÁXIMO, MÍNIMO)

---

No Excel 365, as funções básicas como SOMA, MÉDIA, MÁXIMO e MÍNIMO são ferramentas essenciais para realizar cálculos e análises em suas planilhas. Aqui está um guia sobre como usar essas funções:

1. SOMA:

---

A função SOMA é usada para somar um intervalo de números.

**Sintaxe:**

=SOMA(número1, número2, ...)

- **número1, número2**, ... são os números ou intervalos de células que você deseja somar.

**Exemplo:** Suponha que você tenha os números nas células A1 a A5 que deseja somar. Você pode usar a função SOMA da seguinte maneira:

=SOMA(A1:A5)

## 2. MÉDIA:

A função MÉDIA é usada para calcular a média de um conjunto de números.

**Sintaxe:**

=MÉDIA(número1, número2, ...)

- **número1**, **número2**, ... são os números ou intervalos de células dos quais você deseja calcular a média.

**Exemplo:** Suponha que você tenha os números nas células B1 a B10 e deseja calcular a média. Você pode usar a função MÉDIA da seguinte maneira:

=MÉDIA(B1:B10)

## 3. MÁXIMO:

A função MÁXIMO é usada para encontrar o valor máximo em um conjunto de números.

**Sintaxe:**

=MÁXIMO(número1, número2, ...)

- **número1**, **número2**, ... são os números ou intervalos de células dos quais você deseja encontrar o valor máximo.

**Exemplo:** Suponha que você tenha os números nas células C1 a C20 e deseja encontrar o valor máximo. Você pode usar a função MÁXIMO da seguinte maneira:

=MÁXIMO(C1:C20)

## 4. MÍNIMO:

A função MÍNIMO é usada para encontrar o valor mínimo em um conjunto de números.

**Sintaxe:**

=MÍNIMO(número1, número2, ...)

- **número1**, **número2**, ... são os números ou intervalos de células dos quais você deseja encontrar o valor mínimo.

**Exemplo:** Suponha que você tenha os números nas células D1 a D15 e deseja encontrar o valor mínimo. Você pode usar a função MÍNIMO da seguinte maneira:

=MÍNIMO(D1:D15)

Essas são as funções básicas no Excel 365 para realizar operações de soma, média, valor máximo e valor mínimo em conjuntos de dados. Elas são úteis para análise de dados e cálculos simples em suas planilhas.

## REFERÊNCIAS DE CÉLULAS (ABSOLUTAS, RELATIVAS, MISTAS)

as referências de células desempenham um papel fundamental ao criar fórmulas, pois elas indicam ao Excel qual parte da planilha usar em um cálculo. Existem três tipos principais de referências de células: relativas, absolutas e mistas. Vamos explicar cada um deles:

### 1. Referências de Células Relativas:

- As referências de células relativas são o tipo mais comum.

- Quando você copia uma fórmula com uma referência de célula relativa, ela se ajusta automaticamente à nova posição.

- A referência é representada pela letra da coluna e o número da linha da célula (por exemplo, A1).

- Exemplo: Se você copiar a fórmula **=A1+B1** para a célula ao lado, ela se tornará **=A2+B2** porque as referências são relativas à posição original da fórmula.

## 2. Referências de Células Absolutas:

- As referências de células absolutas são fixas e não mudam ao copiar a fórmula para outra célula.

- As referências de células absolutas são indicadas com o símbolo de dólar ($) antes da letra da coluna e/ou do número da linha (por exemplo, $A$1 ou A$1 ou $A1).

- Exemplo: Se você copiar a fórmula **=$A$1+B1** para outra célula, a referência a **$A$1** permanecerá inalterada, enquanto a referência a **B1** será ajustada conforme a posição da nova célula.

## 3. Referências de Células Mistas:

- As referências de células mistas têm uma parte relativa e uma parte absoluta.

- Você pode fixar a coluna (usando **$** antes da letra da coluna) ou a linha (usando **$** antes do número da linha) ou ambas.

- Exemplo: **=$A1** fixará a coluna A e permitirá que a linha seja relativa; **=A$1** fixará a linha 1 e permitirá que a coluna seja relativa; **=$A$1** fixará tanto a coluna quanto a linha.

**Como definir uma referência de célula:**

Para definir o tipo de referência de célula ao criar ou editar uma fórmula no Excel 365:

1. Digite o sinal de igual (=) na célula onde deseja a fórmula.

2. Comece a digitar a fórmula e use os símbolos de dólar ($) conforme necessário para fazer referências de células absolutas ou mistas.

3. Pressione Enter para concluir a fórmula.

Ao compreender e usar esses tipos de referências de células, você pode criar fórmulas flexíveis e dinâmicas para cálculos complexos e automatizados em suas planilhas.

o Excel 365, as funções condicionais são usadas para tomar decisões com base em determinadas condições e executar cálculos diferentes com base nessas condições. As funções condicionais mais comuns são SE, E e OU. Vou explicar cada uma delas com exemplos detalhados:

**1. Função SE:**

A função SE é usada para avaliar uma condição e retornar um valor se a condição for verdadeira e outro valor se a condição for falsa.

**Sintaxe:**

=SE(condição, valor_se_verdadeiro, valor_se_falso)

- **condição**: A expressão que você deseja avaliar.

- **valor_se_verdadeiro**: O valor que a função retornará se a condição for verdadeira.

- **valor_se_falso**: O valor que a função retornará se a condição for falsa.

**Exemplo:** Suponha que você tenha uma planilha com as notas dos alunos e deseja atribuir "Aprovado" se a nota for maior ou igual a 7 e "Reprovado" caso contrário. Você pode usar a função SE da seguinte maneira:

=SE(A1 >= 7, "Aprovado", "Reprovado")

**2. Função E:**

A função E é usada para avaliar várias condições e retornar VERDADEIRO se todas as condições forem verdadeiras e FALSO se pelo menos uma delas for falsa.

**Sintaxe:**

=E(condição1, condição2, ...)

- **condição1, condição2, ...**: As expressões que você deseja avaliar.

**Exemplo:** Suponha que você deseja verificar se um aluno obteve uma nota maior ou igual a 7 em ambos os exames de matemática e ciências. Você pode usar a função E da seguinte maneira:

=E(A1 >= 7, B1 >= 7)

Isso retornará VERDADEIRO se ambas as condições forem atendidas (ou seja, o aluno obteve 7 ou mais nas duas matérias).

### 3. Função OU:

A função OU é usada para avaliar várias condições e retornar VERDADEIRO se pelo menos uma das condições for verdadeira e FALSO se todas forem falsas.

**Sintaxe:**

=OU(condição1, condição2, ...)

- **condição1, condição2**, ...: As expressões que você deseja avaliar.

**Exemplo:** Suponha que você deseja verificar se um aluno obteve uma nota maior ou igual a 7 em pelo menos uma das matérias (matemática ou ciências). Você pode usar a função OU da seguinte maneira:

=OU(A1 >= 7, B1 >= 7)

Isso retornará VERDADEIRO se pelo menos uma das condições for atendida (ou seja, o aluno obteve 7 ou mais em uma das matérias).

Essas funções condicionais são extremamente úteis para automatizar a tomada de decisões com base em dados em suas planilhas do Excel 365. Você pode criar fórmulas complexas e lógicas usando essas funções para realizar análises e cálculos condicionais.

No Excel 365, as funções de texto e data são poderosas ferramentas para manipular e formatar informações de texto e datas em suas planilhas. Aqui estão algumas funções de texto e data com exemplos:

**Funções de Texto:**

## CONCATENAR:

- A função CONCATENAR combina vários textos em um único texto.

**Exemplo:**

=CONCATENAR(A1, " ", B1) // Combina o texto nas células A1 e B1 com um espaço entre eles.

## ESQUERDA E DIREITA:

- As funções ESQUERDA e DIREITA retornam um número especificado de caracteres da esquerda ou da direita de um texto, respectivamente.

**Exemplo:**

=ESQUERDA(A1, 5) // Retorna os 5 primeiros caracteres da célula A1. =DIREITA(A1, 3) // Retorna os 3 últimos caracteres da célula A1.

2. **EXT.TEXTO:**

- A função EXT.TEXTO extrai uma parte de um texto com base em sua posição inicial e no número de caracteres a serem extraídos.

**Exemplo:**

=EXT.TEXTO(A1, 3, 5) // Extrai 5 caracteres da célula A1, começando na posição 3.

**Funções de Data:**

1. **HOJE:**

- A função HOJE retorna a data atual.

**Exemplo:**

=HOJE() // Retorna a data atual.

2. **DIAS:**

- A função DIAS calcula o número de dias entre duas datas.

**Exemplo:**

=DIAS(A1, B1) // Calcula o número de dias entre as datas nas células A1 e B1.

## DATA:

- A função DATA cria uma data com base em um ano, mês e dia especificados.

**Exemplo:**

=DATA(2023, 9, 15) // Cria a data 15 de setembro de 2023.

3. **TEXTO:**

- A função TEXTO formata uma data em um formato de texto personalizado.

**Exemplo:**

=TEXTO(A1, "dd/mm/yyyy") // Formata a data na célula A1 como "dd/mm/yyyy".

4. **DIATRABALHO.INTL:**

- A função DIATRABALHO.INTL calcula a data de término com base em um número de dias úteis e exclui os fins de semana e feriados.

**Exemplo:**

=DIATRABALHO.INTL(A1, 10, 1) // Calcula a data 10 dias úteis após a data na célula A1, excluindo fins de semana (código 1).

Essas são apenas algumas das muitas funções de texto e data disponíveis no Excel 365. Elas são úteis para realizar formatação, cálculos e análises relacionadas a datas e texto em suas planilhas.

# CAPÍTULO 4: GERENCIAMENTO DE DADOS

Ordenação de dados

No Excel 365, você pode ordenar dados em suas planilhas de várias maneiras para facilitar a análise e a visualização. Aqui estão as etapas básicas para ordenar dados em uma planilha:

## ORDENAÇÃO SIMPLES:

1. **Selecione a coluna pela qual você deseja ordenar os dados:** Clique na letra da coluna na parte superior da planilha para selecionar a coluna inteira.

2. **Acesse a guia "Página Inicial" na faixa de opções do Excel:**

3. **No grupo "Edição", você encontrará o botão "Classificar e Filtrar":** Clique nele para abrir um menu suspenso com opções de ordenação.

4. **Escolha a opção "Classificar de A a Z" para ordenar os dados em ordem crescente (de A para Z) ou "Classificar de Z a A" para ordenar em ordem decrescente (de Z para A).**

   - Você também pode selecionar "Classificar" para abrir o painel de diálogo de classificação, onde você pode definir critérios de classificação personalizados.

**Ordenação Avançada:**

Para realizar uma classificação avançada com critérios múltiplos, siga estas etapas:

1. **Selecione a coluna pela qual você deseja ordenar os dados:** Clique na letra da coluna na parte superior da planilha para selecionar a coluna inteira.

2. **Acesse a guia "Dados" na faixa de opções do Excel:**

3. **No grupo "Classificar e Filtrar", clique em "Classificar":** Isso abrirá o painel de diálogo de classificação.

4. **No painel de diálogo de classificação, defina seus critérios de classificação:** Você pode adicionar várias colunas para classificar por diferentes critérios. Além disso, você

pode especificar se deseja classificar em ordem crescente ou decrescente para cada critério.

5. **Clique em "OK" para aplicar a classificação com base nos critérios especificados.**

Isso permite que você realize classificações mais complexas e personalizadas em seus dados.

Lembre-se de que, ao ordenar dados, é importante selecionar toda a área de dados relevante, incluindo cabeçalhos de coluna, para garantir que a ordenação seja aplicada corretamente. A ordenação de dados é uma ferramenta poderosa para organizar informações em suas planilhas e torná-las mais fáceis de analisar.

## FILTRAGEM DE DADOS

No Excel 365, você pode filtrar dados em suas planilhas para exibir apenas as informações que atendem a critérios específicos. Isso é útil para analisar dados extensos e identificar rapidamente os dados relevantes. Aqui estão as etapas para filtrar dados no Excel 365:

**Filtragem Simples:**

1. **Selecione a coluna pela qual você deseja filtrar os dados:** Clique na letra da coluna na parte superior da planilha para selecionar a coluna inteira.

2. **Acesse a guia "Dados" na faixa de opções do Excel:**

3. **No grupo "Classificar e Filtrar", clique em "Filtro":** Isso ativará os filtros para a coluna selecionada, adicionando setas de filtro nas células do cabeçalho da coluna.

4. **Clique na seta de filtro na célula do cabeçalho da coluna:** Isso abrirá um menu suspenso com opções de filtro.

5. **Selecione os critérios de filtro que deseja aplicar:** Você pode escolher entre várias opções, como valores específicos, intervalos, texto, datas, entre outros. Marque as caixas de seleção dos critérios desejados.

6. **Clique em "OK" ou "Aplicar Filtro" para aplicar o filtro:** A planilha mostrará apenas os dados que atendem aos critérios de filtro selecionados.

**Filtragem Avançada:**

Para realizar uma filtragem avançada com critérios mais complexos, siga estas etapas:

1. **Selecione a coluna pela qual você deseja filtrar os dados:** Clique na letra da coluna na parte superior da planilha para selecionar a coluna inteira.

2. **Acesse a guia "Dados" na faixa de opções do Excel:**

3. **No grupo "Classificar e Filtrar", clique em "Filtro":** Isso ativará os filtros para a coluna selecionada, adicionando setas de filtro nas células do cabeçalho da coluna.

4. **Clique na seta de filtro na célula do cabeçalho da coluna:** Isso abrirá o menu suspenso com opções de filtro.

5. **Selecione "Filtrar por Valor":** Isso abrirá o painel de filtragem avançada.

6. **No painel de filtragem, defina seus critérios de filtro avançados:** Você pode combinar várias condições usando operadores lógicos como "E" e "OU".

7. **Clique em "OK" ou "Aplicar Filtro" para aplicar o filtro avançado:** A planilha mostrará apenas os dados que atendem aos critérios de filtro especificados.

Você também pode usar filtros em várias colunas ao mesmo tempo para refinar ainda mais seus resultados.

Quando você aplicar filtros, lembre-se de que a função "AutoFiltro" pode ser usada para filtrar e refinar seus dados de maneira eficiente. Ela permite que você filtre dados em várias colunas e até mesmo crie filtros personalizados.

## REMOÇÃO DE DUPLICATAS

A remoção de duplicatas no Excel 365 é uma tarefa útil quando você precisa limpar uma lista de dados e manter apenas as entradas únicas. Aqui estão os passos para remover duplicatas em uma planilha do Excel 365:

**Passo 1: Selecione a Coluna com Duplicatas**

1. Abra sua planilha no Excel 365.

2. Selecione a coluna ou intervalo de colunas onde deseja remover as duplicatas. Você pode clicar na letra do cabeçalho da coluna para selecionar a coluna inteira.

**Passo 2: Acesse a Ferramenta de Remoção de Duplicatas**

3. Vá para a guia "Dados" na faixa de opções do Excel.

4. No grupo "Ferramentas de Dados", você encontrará a opção "Remover Duplicatas". Clique nela.

**Passo 3: Configure as Opções de Remoção de Duplicatas**

5. Isso abrirá uma caixa de diálogo "Remover Duplicatas". No lado esquerdo, você verá uma lista de todas as colunas selecionadas. Por padrão, todas as colunas são consideradas para encontrar duplicatas.

6. Se você deseja verificar apenas uma coluna específica para duplicatas, desmarque as outras colunas na lista. Certifique-se de deixar a coluna correta marcada.

7. Você também pode escolher opções adicionais, como "Manter a primeira ocorrência" ou "Manter a última ocorrência". Essas opções determinam qual das entradas duplicadas será mantida após a remoção.

**Passo 4: Remova as Duplicatas**

8. Depois de configurar as opções, clique em "OK" na caixa de diálogo "Remover Duplicatas".

**Passo 5: Confirme a Remoção**

9. O Excel 365 removerá as duplicatas com base nas configurações especificadas. Você verá uma mensagem informando quantas duplicatas foram removidas e quantos valores únicos permaneceram.

10. Clique em "OK" para confirmar a remoção das duplicatas.

As entradas duplicadas agora foram removidas, e sua lista de dados contém apenas valores únicos.

Lembre-se de fazer backup de seus dados antes de remover duplicatas, caso você precise das informações originais para referência futura. A remoção de duplicatas é uma maneira eficaz de limpar conjuntos de dados e manter apenas as informações necessárias.

## VALIDAR DADOS

A validação de dados no Excel 365 permite definir regras e restrições para os dados inseridos em células específicas. Isso ajuda a garantir que os dados em sua planilha estejam corretos e atendam aos critérios definidos. Aqui estão os passos para validar dados no Excel 365:

**Passo 1: Selecione a Célula ou o Intervalo de Células**

1. Abra sua planilha no Excel 365.

2. Selecione a célula ou o intervalo de células onde deseja aplicar a validação de dados.

**Passo 2: Acesse a Ferramenta de Validação de Dados**

3. Vá para a guia "Dados" na faixa de opções do Excel.

4. No grupo "Ferramentas de Dados", você encontrará a opção "Validação de Dados". Clique nela.

**Passo 3: Configure as Opções de Validação**

5. Isso abrirá a caixa de diálogo "Validação de Dados". Na guia "Configuração", você pode definir várias opções:

- **Permitir:** Escolha o tipo de dados permitido, como "Número inteiro", "Lista", "Data", entre outros.

- **Fonte:** Especifique os valores permitidos ou o intervalo de células que contém os valores permitidos. Por exemplo, se você escolher "Lista", pode inserir os valores separados por vírgula.

- **Critérios:** Defina regras específicas para os dados, como valores mínimos e máximos.

- **InputMessage (Mensagem de Entrada):** Opcionalmente, você pode fornecer uma mensagem que será exibida quando a célula for selecionada. Isso pode ajudar a orientar o usuário sobre as regras de entrada.

- **Alerta de Erro:** Configure uma mensagem de erro que aparecerá se um usuário tentar inserir dados que não atendem às regras de validação.

**Passo 4: Teste a Validação**

6. Após configurar as opções de validação, clique em "OK" para aplicá-las à célula ou ao intervalo de células selecionados.

7. Agora, quando um usuário tentar inserir dados nessa célula, as regras de validação serão aplicadas. Se os dados não atenderem aos critérios definidos, uma mensagem de erro será exibida.

8. Você pode testar a validação de dados inserindo diferentes valores e verificando se as mensagens de erro (se configuradas) aparecem corretamente.

**Passo 5: Opções Adicionais (Opcional)**

9. Se desejar, você pode definir opções adicionais, como permitir que os dados sejam ignorados ou exibir uma lista suspensa com os valores permitidos.

A validação de dados é uma ferramenta útil para garantir que seus dados sejam consistentes e estejam de acordo com as regras que você definiu. Isso ajuda a evitar erros de entrada e facilita a análise dos dados posteriormente.

No Excel 365, a subtotalização e consolidação de dados são técnicas úteis para resumir informações de várias maneiras em uma planilha. Aqui estão os conceitos e passos para realizar essas tarefas:

## Subtotalização:

A subtotalização envolve a criação de subtotais ou totais intermediários para grupos de dados em uma lista. Isso é especialmente útil quando você tem uma lista grande e deseja resumir os valores para cada grupo de itens.

### Passo 1: Classifique seus Dados:

Antes de subtotalizar, é importante que seus dados estejam classificados de acordo com o campo pelo qual você deseja agrupar.

### Passo 2: Selecione a Coluna de Dados:

Selecione a coluna pela qual deseja subtotalizar seus dados. Por exemplo, se você deseja subtotalizar vendas por região, selecione a coluna de região.

### Passo 3: Acesse a Ferramenta de Subtotal:

1. Vá para a guia "Dados" na faixa de opções do Excel 365.

2. No grupo "Ferramentas de Dados", clique em "Subtotal". Isso abrirá a caixa de diálogo "Subtotal".

### Passo 4: Configure as Opções de Subtotal:

Na caixa de diálogo "Subtotal", você configurará as opções:

- **Em cada alteração em:** Selecione a coluna pela qual deseja agrupar seus dados (por exemplo, região).

- **Usar a função:** Escolha a função de subtotal que deseja aplicar (por exemplo, SOMA, MÉDIA, CONTAGEM, etc.) e selecione a coluna à qual a função será aplicada (por exemplo, vendas).

**Passo 5: Aplicar Subtotal:**

Clique em "OK" na caixa de diálogo "Subtotal". O Excel 365 criará automaticamente subtotais para os grupos de dados com base nas configurações selecionadas.

**Consolidação de Dados:**

A consolidação envolve a combinação de informações de várias planilhas ou faixas de células em uma única planilha. Isso é útil quando você tem dados em várias fontes e deseja resumi-los em uma única planilha.

**Passo 1: Selecione a Célula de Destino:**

Selecione a célula onde deseja que os dados consolidados sejam colocados em sua planilha principal.

**Passo 2: Acesse a Ferramenta de Consolidação:**

1. Vá para a guia "Dados" na faixa de opções do Excel 365.

2. No grupo "Ferramentas de Dados", clique em "Consolidar". Isso abrirá a caixa de diálogo "Consolidação".

**Passo 3: Configure as Opções de Consolidação:**

Na caixa de diálogo "Consolidação", você configurará as opções:

- **Função:** Escolha a função de consolidação desejada (por exemplo, SOMA, MÉDIA, CONTAGEM, etc.).

- **Referência:** Selecione as células ou planilhas que você deseja consolidar. Você pode usar o botão "Adicionar" para adicionar cada intervalo ou planilha.

**Passo 4: Aplicar a Consolidação:**

Clique em "OK" na caixa de diálogo "Consolidação". O Excel 365 consolidará os dados das referências selecionadas na célula de destino.

A subtotalização e consolidação são técnicas poderosas para resumir e organizar dados em planilhas do Excel 365, tornando mais fácil a análise e a apresentação das informações.

# CAPÍTULO 5: GRÁFICOS E VISUALIZAÇÃO DE DADOS

## CRIAR GRÁFICOS DE BARRAS, PIZZA, LINHAS E DISPERSÃO

No Excel 365, você pode criar diversos tipos de gráficos, incluindo gráficos de barras, gráficos de pizza, gráficos de linhas e gráficos de dispersão. Aqui estão os passos básicos para criar cada um desses tipos de gráfico:

## 1. GRÁFICO DE BARRAS:

Os gráficos de barras são ideais para comparar dados em categorias ou para mostrar tendências ao longo do tempo.

**Passo 1: Selecione seus Dados:**

Selecione a faixa de células que contém os dados que você deseja representar no gráfico de barras.

**Passo 2: Acesse a Ferramenta de Gráficos:**

Vá para a guia "Inserir" na faixa de opções do Excel 365.

**Passo 3: Escolha o Tipo de Gráfico de Barras:**

No grupo "Gráficos", escolha o tipo de gráfico de barras desejado, como "Barras Agrupadas" ou "Barras Empilhadas".

**Passo 4: Personalize o Gráfico:**

Você pode personalizar o gráfico de barras adicionando rótulos, títulos e formatando cores e estilos.

## 2. GRÁFICO DE PIZZA:

Os gráficos de pizza são usados para mostrar a composição de um todo em relação às partes.

**Passo 1: Selecione seus Dados:**

Selecione a faixa de células que contém os dados que você deseja representar no gráfico de pizza.

**Passo 2: Acesse a Ferramenta de Gráficos:**

Vá para a guia "Inserir" na faixa de opções do Excel 365.

**Passo 3: Escolha o Tipo de Gráfico de Pizza:**

No grupo "Gráficos", escolha o tipo de gráfico de pizza desejado.

**Passo 4: Personalize o Gráfico:**

Você pode personalizar o gráfico de pizza adicionando rótulos de dados, fatias explodidas e formatando cores.

## 3. GRÁFICO DE LINHAS:

Os gráficos de linhas são usados para exibir tendências ao longo do tempo ou em uma sequência de categorias.

**Passo 1: Selecione seus Dados:**

Selecione a faixa de células que contém os dados que você deseja representar no gráfico de linhas.

**Passo 2: Acesse a Ferramenta de Gráficos:**

Vá para a guia "Inserir" na faixa de opções do Excel 365.

**Passo 3: Escolha o Tipo de Gráfico de Linhas:**

No grupo "Gráficos", escolha o tipo de gráfico de linhas desejado.

**Passo 4: Personalize o Gráfico:**

Você pode personalizar o gráfico de linhas adicionando títulos, rótulos de dados e marcadores.

## 4. GRÁFICO DE DISPERSÃO:

Os gráficos de dispersão são usados para mostrar a relação entre duas variáveis numéricas.

**Passo 1: Selecione seus Dados:**

Selecione a faixa de células que contém os dados que você deseja representar no gráfico de dispersão. Certifique-se de ter duas colunas de dados numéricos.

**Passo 2: Acesse a Ferramenta de Gráficos:**

Vá para a guia "Inserir" na faixa de opções do Excel 365.

**Passo 3: Escolha o Tipo de Gráfico de Dispersão:**

No grupo "Gráficos", escolha o tipo de gráfico de dispersão desejado.

**Passo 4: Personalize o Gráfico:**

Você pode personalizar o gráfico de dispersão adicionando rótulos de dados, linhas de tendência e formatando marcadores.

Lembre-se de que esses são os passos básicos para criar cada tipo de gráfico. Você pode aprimorar a personalização e a formatação de acordo com suas necessidades específicas. A criação de gráficos é uma ótima maneira de visualizar e comunicar informações em suas planilhas do Excel 365.

# PERSONALIZAÇÃO DE GRÁFICOS

A personalização de gráficos no Excel 365 permite que você ajuste a aparência e o comportamento dos gráficos para atender às suas necessidades específicas e tornar suas apresentações mais atraentes. Abaixo estão alguns dos principais aspectos que você pode personalizar em um gráfico no Excel 365:

## 1. TÍTULO DO GRÁFICO:

- Você pode adicionar um título ao gráfico para descrever o que ele representa. Clique no gráfico e, na guia "Design" da faixa de opções, você encontrará a opção "Título do Gráfico".

## 2. RÓTULOS DE DADOS:

- Rótulos de dados ajudam a identificar valores em um gráfico. Você pode ativá-los ou desativá-los e personalizá-los para exibir informações relevantes.

## 3. CORES E ESTILOS:

- O Excel permite que você escolha esquemas de cores predefinidos ou crie seus próprios esquemas de cores para tornar o gráfico mais atraente. Você pode acessar as opções de cores na guia "Design" da faixa de opções.

## 4. RÓTULOS DE EIXO:

- Personalize os rótulos dos eixos X e Y para tornar seu gráfico mais informativo. Você pode alterar o formato dos rótulos e definir os intervalos dos valores exibidos nos eixos.

## 5. LINHAS DE GRADE:

- Você pode adicionar ou remover linhas de grade nos eixos para facilitar a leitura do gráfico. Isso é especialmente útil em gráficos de linha.

# 6. TAMANHO DO GRÁFICO:

- Você pode redimensionar o gráfico arrastando suas alças de dimensionamento. Isso permite que você o ajuste para caber em sua planilha ou relatório.

# 7. MARCADORES E LINHAS DE TENDÊNCIA (PARA GRÁFICOS DE DISPERSÃO):

- Em gráficos de dispersão, você pode personalizar os marcadores para torná-los mais visíveis e adicionar linhas de tendência para mostrar padrões nos dados.

# 8. EFEITOS 3D (PARA GRÁFICOS 3D):

- **Se você estiver trabalhando com gráficos 3D, pode aplicar efeitos tridimensionais, como** sombreamento e reflexos, para dar profundidade ao gráfico.

# 9. LEGENDA:

- A legenda do gráfico ajuda a identificar séries de dados. Você pode movê-la e personalizá-la de acordo com suas preferências.

# 10. FERRAMENTAS DE FORMATO:

- Quando você seleciona elementos individuais em um gráfico (por exemplo, barras ou setores de pizza), a guia "Ferramentas de Gráfico de Design" é ativada, permitindo personalizar esses elementos específicos.

Lembre-se de que as opções de personalização podem variar dependendo do tipo de gráfico que você está criando. Para acessar as opções de personalização, selecione o gráfico ou o elemento que deseja modificar e, em seguida, explore as guias "Design" e "Formatar" na faixa de opções.

Experimente diferentes personalizações para criar gráficos visualmente atraentes e informativos que transmitam eficazmente suas informações.

# GRÁFICOS DINÂMICOS

Os gráficos dinâmicos no Excel 365 são uma poderosa ferramenta que permitem a você criar gráficos interativos que podem ser filtrados e atualizados dinamicamente com base em critérios específicos. Isso é útil para explorar e analisar grandes conjuntos de dados de maneira eficiente. Aqui estão os passos para criar um gráfico dinâmico no Excel 365:

## PASSO 1: PREPARE SEUS DADOS:

Certifique-se de que seus dados estejam organizados em uma tabela ou intervalo nomeado. Cada coluna deve ter cabeçalhos que identificam o tipo de dados que ela contém.

## PASSO 2: SELECIONE SEUS DADOS:

Selecione a tabela ou o intervalo de dados que você deseja usar para criar o gráfico dinâmico.

## PASSO 3: ACESSE A FERRAMENTA DE GRÁFICOS DINÂMICOS:

1. Vá para a guia "Inserir" na faixa de opções do Excel 365.

2. No grupo "Tabelas", clique em "Tabela Dinâmica". Isso abrirá a caixa de diálogo "Criar Tabela Dinâmica".

## PASSO 4: CONFIGURE A TABELA DINÂMICA:

Na caixa de diálogo "Criar Tabela Dinâmica", siga estas etapas:

- **Escolha onde deseja que a Tabela Dinâmica seja colocada.** Você pode colocá-la em uma nova planilha ou em uma planilha existente.

- **Arraste os campos da lista de campos disponíveis para as áreas de rótulo de linha, coluna, valor e filtro.** Isso determina como os dados serão organizados e resumidos em sua Tabela Dinâmica.

- **Para criar um gráfico dinâmico, arraste um campo para a área de "Valores".** Isso cria automaticamente uma Tabela Dinâmica e um gráfico vinculado a ela.

## PASSO 5: PERSONALIZE SEU GRÁFICO DINÂMICO:

Depois de criar o gráfico dinâmico, você pode personalizá-lo da mesma maneira que faria com qualquer outro gráfico no Excel:

- **Adicione rótulos de dados, títulos e formate o gráfico conforme necessário.**

## PASSO 6: USE OS FILTROS E SEGMENTAÇÕES DE DADOS:

A parte mais poderosa dos gráficos dinâmicos é a capacidade de filtrar os dados interativamente. Você pode usar os campos da tabela dinâmica como filtros e também adicionar segmentações de dados para tornar a filtragem mais fácil e visual.

## PASSO 7: ATUALIZE O GRÁFICO DINÂMICO:

Conforme você filtra os dados ou faz alterações em sua tabela original, o gráfico dinâmico e a Tabela Dinâmica são atualizados automaticamente para refletir essas mudanças.

Os gráficos dinâmicos são uma ferramenta valiosa para a análise de dados complexos e a criação de relatórios interativos no Excel 365. Eles permitem que você explore e apresente seus dados de maneira mais eficaz e dinâmica.

## MINI GRÁFICOS (SPARKLINES)

Os Mini Gráficos, também conhecidos como Sparklines, são pequenos gráficos de linha, coluna ou área que podem ser inseridos em uma única célula do Excel para representar tendências ou variações de dados em um espaço compacto. Eles são úteis para visualizar rapidamente as mudanças em um conjunto de dados. Aqui estão os passos para criar Mini Gráficos no Excel 365:

**Passo 1: Selecione a Célula onde deseja inserir o Mini Gráfico:**

Selecione a célula onde deseja que o Mini Gráfico apareça. Essa célula deve ser grande o suficiente para acomodar o gráfico.

**Passo 2: Acesse a Ferramenta de Mini Gráficos:**

1. Vá para a guia "Inserir" na faixa de opções do Excel 365.

2. No grupo "Mini Gráficos", escolha o tipo de Mini Gráfico que deseja inserir (linha, coluna ou área).

**Passo 3: Configure as Opções do Mini Gráfico:**

Após escolher o tipo de Mini Gráfico, o Excel solicitará que você configure as opções:

- **Fonte de Dados:** Selecione o intervalo de dados que deseja usar para o Mini Gráfico. Isso pode ser um intervalo contendo uma série de dados.

- **Localização do Mini Gráfico:** Especifique onde você deseja que o Mini Gráfico seja inserido (na célula selecionada ou em uma célula adjacente).

**Passo 4: Clique em "OK" para Inserir o Mini Gráfico:**

Após configurar as opções, clique em "OK". O Mini Gráfico será inserido na célula selecionada.

**Passo 5: Personalize o Mini Gráfico (Opcional):**

Você pode personalizar o Mini Gráfico da mesma maneira que faria com qualquer outro gráfico no Excel. Clique no Mini Gráfico para ativar as Ferramentas de Gráfico e faça ajustes de formatação, como adicionar rótulos de eixo, cores, títulos e assim por diante.

**Passo 6: Repita o Processo para Outras Células (Opcional):**

Você pode criar vários Mini Gráficos em diferentes células, seguindo os mesmos passos para cada um.

Os Mini Gráficos são úteis para criar painéis de controle compactos e resumos visuais de dados em uma única planilha. Eles permitem que você identifique rapidamente tendências e variações em seus dados sem a necessidade de criar gráficos completos.

# TABELAS DINÂMICAS E GRÁFICOS DINÂMICOS

Tabelas dinâmicas e gráficos dinâmicos são ferramentas poderosas no Excel 365 que permitem resumir e visualizar grandes conjuntos de dados de maneira interativa e flexível. Vamos explorar o que são e como criar cada um deles:

## TABELAS DINÂMICAS:

Uma Tabela Dinâmica é uma ferramenta que permite resumir e analisar dados em uma planilha, facilitando a identificação de tendências, padrões e informações importantes. Com uma Tabela Dinâmica, você pode agrupar, filtrar e resumir dados de várias maneiras. Aqui estão os passos para criar uma Tabela Dinâmica:

**Passo 1: Prepare seus Dados:**

Certifique-se de que seus dados estejam organizados em uma tabela ou intervalo nomeado. Cada coluna deve ter cabeçalhos que identificam o tipo de dados que ela contém.

**Passo 2: Selecione seus Dados:**

Selecione a tabela ou o intervalo de dados que você deseja usar para criar a Tabela Dinâmica.

**Passo 3: Acesse a Ferramenta de Tabela Dinâmica:**

1. Vá para a guia "Inserir" na faixa de opções do Excel 365.

2. No grupo "Tabelas", clique em "Tabela Dinâmica". Isso abrirá a caixa de diálogo "Criar Tabela Dinâmica".

**Passo 4: Configure a Tabela Dinâmica:**

Na caixa de diálogo "Criar Tabela Dinâmica", você configurará as opções:

- **Escolha onde deseja que a Tabela Dinâmica seja colocada.** Você pode colocá-la em uma nova planilha ou em uma planilha existente.

- **Arraste os campos da lista de campos disponíveis para as áreas de rótulo de linha, coluna, valor e filtro.** Isso determina como os dados serão organizados e resumidos em sua Tabela Dinâmica.

- **Configure filtros e agrupamentos, se necessário.**

- **Personalize o estilo da Tabela Dinâmica.**

**Passo 5: Interaja com a Tabela Dinâmica:**

Depois de criar a Tabela Dinâmica, você pode interagir com ela para explorar seus dados. Arraste campos para diferentes áreas, aplique filtros e agrupamentos e observe como os dados são resumidos dinamicamente.

## GRÁFICOS DINÂMICOS:

Os Gráficos Dinâmicos são gráficos interativos vinculados a Tabelas Dinâmicas. Eles permitem que você visualize visualmente os dados resumidos em uma Tabela Dinâmica. Aqui estão os passos para criar um Gráfico Dinâmico:

**Passo 1: Crie uma Tabela Dinâmica:**

Siga os passos descritos anteriormente para criar uma Tabela Dinâmica com os dados que você deseja visualizar em um Gráfico Dinâmico.

**Passo 2: Selecione a Tabela Dinâmica:**

Selecione a Tabela Dinâmica que você acabou de criar.

**Passo 3: Acesse a Ferramenta de Gráfico Dinâmico:**

1. Vá para a guia "Analisar" na faixa de opções do Excel 365. (A guia "Analisar" é ativada automaticamente quando uma Tabela Dinâmica está selecionada.)

2. No grupo "Ferramentas", clique em "Gráfico Dinâmico". Isso abrirá a caixa de diálogo "Criar Gráfico Dinâmico".

**Passo 4: Configure o Gráfico Dinâmico:**

Na caixa de diálogo "Criar Gráfico Dinâmico", você configurará as opções:

- **Escolha onde deseja que o Gráfico Dinâmico seja colocado.** Você pode colocá-lo em uma nova planilha ou em uma planilha existente.

- **Escolha o tipo de gráfico desejado (por exemplo, gráfico de colunas, gráfico de barras, gráfico de linha, etc.).**

- **Arraste campos da Tabela Dinâmica para as áreas de eixo, valores e filtros do gráfico.**

- **Personalize o estilo do gráfico conforme necessário.**

**Passo 5: Interaja com o Gráfico Dinâmico:**

Após criar o Gráfico Dinâmico, ele estará vinculado à Tabela Dinâmica. Isso significa que, quando você interagir com a Tabela Dinâmica (filtrando, agrupando ou alterando campos), o Gráfico Dinâmico será automaticamente atualizado para refletir as mudanças.

Tabelas Dinâmicas e Gráficos Dinâmicos são ferramentas essenciais para analisar e visualizar dados de maneira dinâmica no Excel 365. Eles permitem que você resuma informações complexas de maneira fácil e eficiente.

# CAPÍTULO 6: TRABALHO EM EQUIPE E COMPARTILHAMENTO

## COMPARTILHAMENTO DE PASTAS DE TRABALHO

O compartilhamento de pastas de trabalho no Excel 365 permite que você colabore com outras pessoas, permitindo que elas vejam e editem a mesma planilha ao mesmo tempo. Aqui estão os passos para compartilhar uma pasta de trabalho no Excel 365:

**Passo 1: Abra a Pasta de Trabalho que Deseja Compartilhar:**

Abra a pasta de trabalho que você deseja compartilhar no Excel 365.

**Passo 2: Acesse a Opção de Compartilhamento:**

1. Clique no botão "Arquivo" na parte superior esquerda da janela do Excel.

2. No menu lateral esquerdo, clique em "Compartilhar".

**Passo 3: Escolha Como Deseja Compartilhar:**

Existem várias opções de compartilhamento disponíveis no Excel 365:

- **Convidar Pessoas:** Isso permite que você convide pessoas por e-mail para colaborar na pasta de trabalho. Você pode definir as permissões (visualização ou edição) para cada pessoa.

- **Criar um Link Compartilhável:** Isso gera um link que você pode compartilhar com outras pessoas. Você pode definir as permissões para quem acessar o link.

- **Enviar como Anexo:** Isso permite que você envie uma cópia da pasta de trabalho por e-mail como um anexo. Você pode definir as permissões diretamente no e-mail.

- **Publicar na Web:** Isso permite que você publique a pasta de trabalho na web como uma página da web interativa que outras pessoas podem acessar.

**Passo 4: Configure as Permissões:**

Dependendo da opção de compartilhamento escolhida, você precisará configurar as permissões para as pessoas com quem está compartilhando a pasta de trabalho. Você pode definir se eles têm apenas permissão de visualização ou se também podem editar.

**Passo 5: Compartilhe a Pasta de Trabalho:**

Depois de configurar as permissões, clique em "Aplicar" ou "Enviar" (dependendo da opção escolhida) para compartilhar a pasta de trabalho. As pessoas com quem você compartilhou receberão um convite por e-mail ou um link, dependendo da opção escolhida.


**Passo 6: Colaboração em Tempo Real:**

Quando outras pessoas acessarem a pasta de trabalho compartilhada, você poderá colaborar em tempo real. Isso significa que várias pessoas podem editar a mesma pasta de trabalho ao mesmo tempo, e suas alterações serão refletidas instantaneamente.

Lembre-se de que você pode gerenciar as permissões e revogar o acesso de pessoas a qualquer momento acessando as configurações de compartilhamento. O Excel 365 facilita a colaboração em planilhas e é ideal para trabalhar em equipe, mesmo que os colaboradores estejam em locais diferentes

## CONTROLE DE REVISÃO

O controle de revisão no Excel 365 é uma ferramenta que permite rastrear e gerenciar as alterações feitas em uma planilha por diferentes colaboradores. Isso é útil quando várias pessoas estão trabalhando em uma planilha ao mesmo tempo ou quando você deseja manter um registro das alterações feitas ao longo do tempo. Veja como usar o controle de revisão no Excel 365:

### ATIVAR O CONTROLE DE REVISÃO:

1. Abra a planilha no Excel 365.

2. Vá para a guia "Revisão" na faixa de opções.

3. No grupo "Alterações", você verá a opção "Controle de Revisão". Clique nela para ativá-lo.

# CONFIGURAR OPÇÕES DE CONTROLE DE REVISÃO:

**Após ativar o controle de revisão, você pode configurar as opções de revisão:**

- **Rastrear Alterações:** Clique na opção "Rastrear Alterações" no grupo "Alterações" para abrir a caixa de diálogo "Rastrear Alterações". Aqui, você pode especificar o que deseja rastrear, como alterações de células, comentários, formatação, etc.

- **Proteger Planilha:** Você pode proteger a planilha para que somente os revisores autorizados possam fazer alterações. Isso pode ser útil para evitar alterações não autorizadas.

## Revisão de Alterações:

Depois de configurar o controle de revisão, as alterações feitas na planilha serão rastreadas e destacadas:

- As células alteradas terão um contorno de cor, indicando qual revisor fez a alteração.

- Você pode clicar com o botão direito do mouse nas células para ver as alterações específicas.

- Na guia "Revisão", você encontrará opções para revisar, aceitar ou rejeitar as alterações.

## Aceitar ou Rejeitar Alterações:

Você pode revisar cada alteração individualmente e decidir se deseja aceitá-la ou rejeitá-la. Para fazer isso:

1. Vá para a guia "Revisão" na faixa de opções.

2. No grupo "Alterações", você encontrará as opções "Aceitar" e "Rejeitar". Selecione a alteração que deseja revisar.

3. Clique em "Aceitar" para aceitar a alteração ou "Rejeitar" para rejeitá-la.

## Desativar o Controle de Revisão:

Quando você terminar de revisar a planilha e não precisar mais rastrear as alterações, pode desativar o controle de revisão da seguinte maneira:

1. Vá para a guia "Revisão" na faixa de opções.

2. No grupo "Alterações", clique em "Controle de Revisão" novamente para desativá-lo.

O controle de revisão no Excel 365 é uma ferramenta valiosa para colaboração e revisão de planilhas, permitindo que você mantenha um registro claro das alterações feitas por diferentes revisores e tome decisões informadas sobre as alterações a serem aceitas ou rejeitadas.

## COMENTÁRIOS E ANOTAÇÕES

Os comentários e anotações são recursos no Excel 365 que permitem adicionar notas e informações adicionais às células de uma planilha. Isso é útil para fornecer explicações, contexto ou instruções adicionais sobre os dados ou fórmulas em uma planilha. Aqui está como adicionar comentários e anotações no Excel 365:

**Comentários:**

1. Selecione a célula à qual deseja adicionar um comentário. Clique com o botão direito do mouse na célula ou vá para a guia "Inserir" na faixa de opções e clique em "Comentário" no grupo "Comentários".

2. Um balão de comentário será exibido na célula selecionada. Você pode digitar seu comentário dentro deste balão.

3. Você também pode redimensionar o balão do comentário arrastando seus cantos ou mover o balão para outra posição na célula.

4. Se desejar, você pode personalizar o autor do comentário, a cor do balão e outras configurações clicando com o botão direito do mouse no balão e escolhendo "Formatar Comentário".

**Anotações:**

As anotações são semelhantes aos comentários, mas são exibidas permanentemente na célula e não requerem ação do usuário para serem visualizadas.

1. Clique na célula à qual deseja adicionar uma anotação.

2. Na guia "Revisão" da faixa de opções, clique em "Nova Anotação" no grupo "Comentários".

3. Uma anotação aparecerá na célula. Você pode digitar suas informações diretamente na anotação.

4. Para editar ou excluir a anotação, clique com o botão direito do mouse na célula e escolha "Editar Anotação" ou "Excluir Anotação".

**Exibição de Comentários e Anotações:**

Para visualizar todos os comentários e anotações em uma planilha, você pode usar as seguintes opções:

- Vá para a guia "Revisão" na faixa de opções e clique em "Mostrar Todos os Comentários" ou "Mostrar Todas as Anotações" no grupo "Comentários".

- Use o painel de "Comentários" ou "Anotações" no Excel para navegar e gerenciar os comentários e anotações em sua planilha.

Comentários e anotações são recursos úteis para adicionar informações contextuais, instruções ou explicações em suas planilhas do Excel 365, tornando-as mais compreensíveis para você e outros usuários.

## *PROTEÇÃO DE PASTAS DE TRABALHO E PLANILHAS*

A proteção de pastas de trabalho e planilhas no Excel 365 permite que você restrinja o acesso e a edição de suas planilhas, garantindo que apenas pessoas autorizadas possam fazer alterações. Aqui estão as etapas para proteger pastas de trabalho e planilhas:

# PROTEGER UMA PASTA DE TRABALHO (ARQUIVO):

1. Abra a pasta de trabalho no Excel 365 que você deseja proteger.

2. Clique no botão "Arquivo" na parte superior esquerda da janela do Excel.

3. No painel esquerdo, clique em "Informações".

4. No lado direito, você verá a opção "Proteger Pasta de Trabalho". Clique nela.

5. Escolha a opção que melhor atenda às suas necessidades:

   - **Criptografar com Senha:** Isso permite que você defina uma senha que as pessoas precisarão inserir para abrir a pasta de trabalho. Insira a senha e confirme-a.

   - **Proteger a Estrutura da Pasta de Trabalho:** Isso impede que as pessoas adicionem, excluam, movam ou renomeiem planilhas dentro da pasta de trabalho sem uma senha.

   - **Proteger Planilhas:** Isso permite que você defina senhas separadas para planilhas individuais. Você pode escolher quais planilhas deseja proteger.

6. Após configurar as opções de proteção, clique em "OK" e insira as senhas, se aplicável.

7. Salve a pasta de trabalho. Agora, ela está protegida de acordo com as configurações que você definiu.

**Proteger uma Planilha dentro de uma Pasta de Trabalho:**

1. Abra a pasta de trabalho que contém a planilha que você deseja proteger no Excel 365.

2. Clique na guia da planilha que deseja proteger.

3. Vá para a guia "Revisão" na faixa de opções.

4. No grupo "Alterações", clique em "Proteger Planilha".

5. Defina uma senha para proteger a planilha. Você pode optar por proteger a estrutura da planilha, permitir que os usuários selecionem células bloqueadas ou permitir que os usuários classifiquem células bloqueadas.

6.  Clique em "OK" e insira a senha quando solicitado.

7.  Salve a pasta de trabalho para aplicar a proteção à planilha.

Lembre-se de que, ao proteger uma pasta de trabalho ou planilha, é importante lembrar as senhas que você definiu, pois elas serão necessárias para desbloquear e fazer alterações posteriormente. Certifique-se de armazenar essas senhas em um local seguro.

A proteção de pastas de trabalho e planilhas no Excel 365 é uma maneira eficaz de manter seus dados seguros e garantir que apenas as pessoas autorizadas tenham acesso às informações sensíveis.

## USO DE SENHAS

O Excel 365 permite que você use senhas de várias maneiras para proteger pastas de trabalho, planilhas e até mesmo partes específicas de uma planilha. Aqui estão os principais cenários em que você pode usar senhas no Excel 365:

### 1. Senha de Abertura da Pasta de Trabalho:

Você pode definir uma senha para abrir uma pasta de trabalho, o que significa que qualquer pessoa que tente abrir a pasta de trabalho precisará inserir a senha correta para acessá-la. Para configurar uma senha de abertura:

1.  Abra a pasta de trabalho no Excel 365.

2.  Clique no botão "Arquivo" na parte superior esquerda.

3.  No painel esquerdo, clique em "Informações".

4.  Clique em "Proteger Pasta de Trabalho" e escolha "Criptografar com Senha".

5.  Digite a senha e confirme-a.

6.  Salve a pasta de trabalho.

### 2. Senha para Proteger a Estrutura da Pasta de Trabalho:

Você pode definir uma senha para proteger a estrutura da pasta de trabalho. Isso evita que outras pessoas adicionem, excluam, movam ou renomeiem planilhas dentro da pasta de trabalho sem a senha correta. Para fazer isso, siga os mesmos passos do cenário anterior, mas escolha "Proteger a Estrutura da Pasta de Trabalho".

### 3. Senha para Proteger Planilhas Individuais:

Você também pode definir senhas para proteger planilhas individuais dentro de uma pasta de trabalho. Para fazer isso:

1. Abra a pasta de trabalho no Excel 365.

2. Vá para a guia da planilha que deseja proteger.

3. Vá para a guia "Revisão" na faixa de opções.

4. Clique em "Proteger Planilha" no grupo "Alterações".

5. Defina uma senha e escolha as opções de proteção desejadas.

6. Salve a pasta de trabalho.

### 4. Senha para Macros:

Se você tiver macros VBA (Visual Basic for Applications) em sua pasta de trabalho, poderá protegê-las com uma senha. Isso evita que outras pessoas vejam ou editem o código VBA sem a senha correta.

### 5. Senha para Editar Planilha Protegida:

Se você protegeu uma planilha e deseja permitir que outras pessoas editem as células bloqueadas, elas precisarão inserir uma senha para fazer essas edições. Isso pode ser configurado quando você protege a planilha.

Lembre-se de que é importante lembrar as senhas que você definiu, pois elas são necessárias para desbloquear e fazer alterações nas pastas de trabalho, planilhas ou macros protegidos. Certifique-se de armazenar essas senhas em um local seguro, pois a perda delas pode resultar na perda permanente do acesso aos dados protegidos.

# CAPÍTULO 7: AUTOMATIZAÇÃO COM MACROS

## INTRODUÇÃO ÀS MACROS

As macros no Excel 365 são sequências de comandos e ações que você pode gravar e reproduzir automaticamente para executar tarefas repetitivas ou complexas em suas planilhas. Elas podem economizar muito tempo automatizando tarefas que normalmente seriam feitas manualmente. Aqui está uma introdução às macros no Excel 365:

## GRAVAÇÃO E EXECUÇÃO DE MACROS

### COMO CRIAR UMA MACRO NO EXCEL 365:

Você pode criar uma macro no Excel 365 usando o recurso "Gravador de Macros". Siga estas etapas:

1. Abra o Excel 365 e abra a planilha na qual deseja gravar a macro.

2. Vá para a guia "Exibir" na faixa de opções.

3. No grupo "Macros", clique em "Gravar Macro". Isso abrirá a caixa de diálogo "Gravar Macro".

4. Na caixa de diálogo "Gravar Macro", dê um nome para a sua macro.

5. Escolha onde deseja salvar a macro (no livro atual ou em um novo livro).

6. Clique em "OK" para começar a gravar a macro.

7. Execute as ações na planilha que você deseja gravar na macro. O Excel gravará cada ação que você executar.

8. Quando terminar de gravar as ações, vá para a guia "Exibir" novamente e clique em "Macros" > "Parar Gravação" na faixa de opções.

Agora você tem uma macro gravada que pode ser executada sempre que necessário.

## COMO EXECUTAR UMA MACRO NO EXCEL 365:

Para executar uma macro no Excel 365, siga estas etapas:

1. Vá para a guia "Exibir" na faixa de opções.

2. No grupo "Macros", clique em "Exibir Macros". Isso abrirá a caixa de diálogo "Macros".

3. Selecione a macro que deseja executar na lista de macros disponíveis.

4. Clique em "Executar".

A macro executará as ações gravadas automaticamente.

## COMO ATRIBUIR UMA MACRO A UM BOTÃO OU ATALHO:

Você pode atribuir uma macro a um botão ou criar um atalho de teclado para executá-la rapidamente. Para fazer isso:

1. Vá para a guia "Inserir" na faixa de opções.

2. No grupo "Controles", escolha "Botão" e desenhe um botão na planilha.

3. Na caixa de diálogo "Atribuir Macro" que aparece, selecione a macro que deseja atribuir ao botão.

4. Clique em "OK".

Agora, sempre que você clicar no botão, a macro será executada.

## EDITAR MACROS

**Edição de Macros:**

Você também pode editar macros existentes para personalizá-las ou ajustá-las. Vá para a guia "Exibir" > "Macros" > "Editar Macros" para abrir o Editor de VBA (Visual Basic for Applications), onde você pode editar o código da macro.

É importante lembrar que, para usar macros, o Excel 365 deve ter a funcionalidade de macros habilitada e você deve estar familiarizado com o básico da linguagem VBA se desejar fazer edições avançadas nas macros. Macros podem ser uma ferramenta poderosa para automatizar tarefas no Excel, mas é importante usá-las com responsabilidade e garantir que elas sejam seguras.

## BOTÕES DE CONTROLE

No Excel 365, os "Botões de Controle" são objetos gráficos interativos que você pode adicionar às suas planilhas para realizar ações específicas, como executar macros, abrir hiperlinks ou navegar entre diferentes planilhas. Eles são úteis para criar interfaces de usuário personalizadas e facilitar a interação com suas planilhas. Aqui estão os passos para adicionar e usar botões de controle no Excel 365:

## ADICIONAR UM BOTÃO DE CONTROLE:

1. Abra a planilha no Excel 365 onde você deseja adicionar o botão de controle.

2. Vá para a guia "Inserir" na faixa de opções.

3. No grupo "Controles", você verá uma seção chamada "Botões de Controle". Clique na opção "Mais Controles" para ver uma lista de todos os tipos de botões de controle disponíveis.

4. Na lista de controles, clique com o botão esquerdo do mouse no tipo de botão que deseja adicionar (por exemplo, "Botão de Opção", "Botão de Caixa de Texto", etc.).

5. Clique na planilha onde deseja adicionar o botão de controle. Isso criará o botão na planilha.

## CONFIGURAR UM BOTÃO DE CONTROLE:

Depois de adicionar um botão de controle, você pode configurá-lo para realizar uma ação específica. Para fazer isso:

1. Clique com o botão direito do mouse no botão de controle que você adicionou e escolha "Propriedades" no menu de contexto.

2. Na caixa de diálogo "Propriedades do Controle", você pode definir várias propriedades, como o nome do controle, a etiqueta que será exibida no botão e a ação que o botão realizará quando clicado.

3. Em "Ação de Clique", você pode escolher entre várias ações, incluindo executar uma macro, abrir um hiperlink, etc. Se você deseja que o botão execute uma macro, selecione "Executar macro" e escolha a macro relevante na lista.

4. Clique em "OK" para salvar as configurações.

**Associar uma Macro a um Botão de Controle:**

Se você deseja que um botão de controle execute uma macro específica, siga estas etapas:

1. Certifique-se de que o botão de controle esteja selecionado.

2. Vá para a guia "Desenvolvedor" na faixa de opções. Se você não vê a guia "Desenvolvedor", pode ativá-la nas opções do Excel.

3. No grupo "Código", clique em "Design Mode" para entrar no modo de design.

4. Clique com o botão direito do mouse no botão de controle e escolha "Propriedades".

5. Na caixa de diálogo "Propriedades do Controle", em "Ação de Clique", selecione "Executar macro" e escolha a macro que deseja executar na lista.

6. Clique em "OK" para salvar as configurações.

7. Clique em "Design Mode" novamente para sair do modo de design.

Agora, quando você clicar no botão de controle, ele executará a macro associada a ele.

Os botões de controle podem ser uma ferramenta poderosa para criar interfaces personalizadas em suas planilhas e automatizar tarefas comuns. Você pode personalizar a aparência e o comportamento dos botões de controle para atender às suas necessidades específicas.

# SEGURANÇA DE MACROS

A segurança de macros é uma preocupação importante ao lidar com macros no Excel 365 e em outras versões do Excel. As macros podem executar código que afeta a funcionalidade do Excel e, em alguns casos, representar riscos de segurança se não forem usadas com cuidado. Aqui estão algumas diretrizes para garantir a segurança de macros no Excel 365:

## 1. Habilitar ou Desabilitar Macros:

O Excel 365 oferece opções para habilitar ou desabilitar macros. Por padrão, as macros estão desabilitadas para proteger contra código malicioso. Você pode habilitar macros quando confia na fonte ou no conteúdo da planilha.

- Para habilitar macros: Vá para a guia "Arquivo" > "Opções" > "Central de Confiabilidade" > "Configurações da Central de Confiabilidade" e escolha as opções de macro apropriadas.

## 2. Use Apenas Macros de Fontes Confiáveis:

Só execute macros de fontes confiáveis. Evite abrir planilhas de fontes desconhecidas ou não confiáveis que contenham macros.

## 3. Assine Digitalmente Macros:

Você pode assinar digitalmente suas macros com um certificado digital. Isso ajuda a verificar a origem e a autenticidade das macros.

## 4. Mantenha o Excel Atualizado:

Certifique-se de manter o Excel 365 atualizado com as atualizações de segurança mais recentes, pois essas atualizações podem resolver vulnerabilidades conhecidas.

## 5. Verificação de Código:

Se você estiver criando macros personalizadas, verifique cuidadosamente o código e evite usar códigos de fontes não confiáveis. Certifique-se de que as macros não contenham scripts maliciosos ou código prejudicial.

## 6. Limite os Privilégios:

Evite dar às macros privilégios excessivos. Se uma macro só precisa acessar determinadas partes da planilha, restrinja suas permissões apenas a essas áreas.

## 7. Conscientização de Segurança:

Eduque os usuários sobre a importância da segurança de macros. Eles devem ser cautelosos ao habilitar macros em planilhas não confiáveis.

## 8. Use Assinaturas Digitais para Macros:

Ao distribuir macros, é uma boa prática assiná-las digitalmente usando um certificado válido. Isso ajuda os usuários a verificar a autenticidade da macro antes de habilitá-la.

## 9. Configurações de Grupo e Políticas de Grupo:

Em ambientes corporativos, é possível implementar políticas de grupo que definem configurações de segurança para macros em várias máquinas.

## 10. Proteja o Computador com um Antivírus Atualizado:

Certifique-se de que o computador em que você está trabalhando tenha um software antivírus atualizado para ajudar a identificar possíveis ameaças de segurança.

Lembre-se de que, embora as macros sejam uma ferramenta útil para automação, elas também podem ser exploradas para fins maliciosos. Portanto, é essencial manter a segurança em mente ao usar macros no Excel 365 e adotar práticas seguras para evitar riscos de segurança.

# CAPÍTULO 8: ANÁLISE DE DADOS

## TABELAS E GRÁFICOS DINÂMICOS

A análise de dados com tabelas e gráficos dinâmicos no Excel 365 permite extrair informações valiosas de grandes conjuntos de dados de maneira interativa e visualmente atraente. Aqui estão as etapas gerais para realizar uma análise de dados usando essas ferramentas:

## 1. PREPARAÇÃO DOS DADOS:

Certifique-se de que seus dados estejam bem organizados em uma planilha do Excel. Eles devem estar em formato de tabela ou intervalo nomeado para facilitar o uso em tabelas dinâmicas e gráficos dinâmicos.

## 2. CRIAR UMA TABELA DINÂMICA:

Para criar uma tabela dinâmica:

1. Selecione os dados que deseja incluir na tabela dinâmica.

2. Vá para a guia "Inserir" na faixa de opções.

3. Clique em "Tabela Dinâmica". Isso abrirá a caixa de diálogo "Criar Tabela Dinâmica".

4. Certifique-se de que a seleção de dados esteja correta e escolha onde deseja colocar a tabela dinâmica.

5. Na caixa de diálogo "Criar Tabela Dinâmica", você verá a "Lista de Campos" à direita. Arraste os campos para as áreas de "Linhas", "Colunas", "Valores" e "Filtros" para organizar os dados como desejar.

6. Arraste campos adicionais para a área "Valores" para realizar cálculos, como soma, média, contagem, etc.

7. A tabela dinâmica será gerada e você poderá usar as opções de filtro e agrupamento para analisar os dados.

# 3. CRIAR UM GRÁFICO DINÂMICO:

Para criar um gráfico dinâmico a partir dos dados da tabela dinâmica:

1. Crie uma tabela dinâmica conforme descrito anteriormente ou selecione os dados que deseja incluir no gráfico dinâmico.

2. Vá para a guia "Inserir" na faixa de opções.

3. Clique em "Gráfico Dinâmico". Isso abrirá a caixa de diálogo "Criar Gráfico Dinâmico".

4. Selecione a tabela dinâmica ou os dados que deseja usar como fonte para o gráfico dinâmico.

5. Escolha o tipo de gráfico que deseja criar e configure as opções conforme necessário.

6. Clique em "OK" para criar o gráfico dinâmico.

O gráfico dinâmico será gerado e poderá ser interagido para filtrar e visualizar os dados de maneira dinâmica.

# 4. ANALISAR OS DADOS:

Agora que você tem sua tabela dinâmica e gráfico dinâmico, pode começar a analisar os dados de diferentes maneiras:

- Use os filtros nas tabelas dinâmicas e nos gráficos dinâmicos para exibir apenas os dados desejados.

- Em tabelas dinâmicas, você pode agrupar dados por datas, categorias, etc.

- Personalize a exibição selecionando e desmarcando campos nas tabelas dinâmicas.

- Visualize tendências e relações nos gráficos dinâmicos.

- Atualize automaticamente os resultados quando os dados subjacentes mudam.

A análise de dados com tabelas e gráficos dinâmicos no Excel 365 oferece uma visão mais profunda e interativa de seus dados, permitindo tomar decisões informadas e identificar insights importantes de maneira eficaz. Experimente diferentes configurações e filtros para explorar seus dados em profundidade.

# SOLVER E ANÁLISE DE CENÁRIOS

A análise de dados com o Solver e a Análise de Cenários são recursos avançados no Excel 365 que permitem otimizar decisões e modelar diferentes cenários com base em seus dados. Aqui está uma introdução a essas ferramentas:

## 1. Solver:

O Solver é uma ferramenta de otimização que permite encontrar o valor ótimo de uma célula variável para maximizar ou minimizar uma determinada fórmula ou resultado. Você pode usá-lo para resolver problemas complexos de otimização, como planejamento de produção, alocação de recursos ou ajuste de modelos.

Para usar o Solver:

1. Vá para a guia "Dados" na faixa de opções.

2. No grupo "Análise", clique em "Solver".

3. Na caixa de diálogo "Solver Parameters" (Parâmetros do Solver), configure as células variáveis, a fórmula objetivo, a condição (maximizar ou minimizar) e as restrições.

4. Clique em "Add" (Adicionar) para adicionar restrições, se necessário.

5. Clique em "Solve" (Resolver) para que o Solver encontre a solução ótima.

6. O Solver exibirá os resultados na caixa de diálogo, onde você pode optar por manter a solução encontrada ou restaurar os valores originais.

## 2. Análise de Cenários:

A Análise de Cenários permite criar diferentes cenários com base nas variações de valores em células específicas e comparar os resultados. Você pode usar essa ferramenta para avaliar como diferentes variáveis afetam seus resultados e tomar decisões informadas.

Para usar a Análise de Cenários:

1. Identifique as células de entrada (onde você deseja variar os valores), a célula de resultado (que você deseja analisar) e as fórmulas associadas.

2. Vá para a guia "Dados" na faixa de opções.

3. No grupo "Previsões", clique em "Análise de Cenários" e escolha a opção "Cenários".

4. Na caixa de diálogo "Gerenciador de Cenários", clique em "Adicionar" para criar um novo cenário.

5. Nomeie o cenário e defina os valores para as células de entrada.

6. Crie cenários adicionais, se desejar, para comparar diferentes configurações.

7. Clique em "Resumo" para visualizar os resultados dos cenários.

8. Você pode alternar entre os cenários criados para ver como eles afetam os resultados.

Essas ferramentas são especialmente úteis para tomar decisões baseadas em dados complexos e para encontrar soluções ótimas em situações que envolvem várias variáveis e restrições. Aprender a usar o Solver e a Análise de Cenários pode melhorar sua capacidade de análise e tomada de decisões no Excel 365.

# FUNÇÕES DE ESTATÍSTICAS

O Excel 365 oferece uma variedade de funções de estatísticas que permitem realizar análises estatísticas em seus dados. Essas funções são úteis para resumir dados, calcular medidas de tendência central, medir a dispersão dos dados e realizar análises de probabilidade. Aqui estão algumas das principais funções de estatísticas disponíveis no Excel 365:

## 1. MÉDIA:

A função MÉDIA calcula a média aritmética dos valores em um intervalo de células.

Exemplo: **=MÉDIA(A1:A10)**

## 2. MEDIANA:

A função MEDIANA retorna o valor do meio em um conjunto de dados ordenado.

Exemplo: **=MEDIANA(A1:A10)**

### 3. MODO:

A função MODO retorna o valor mais frequente em um conjunto de dados.

Exemplo: **=MODO(A1:A10)**

### 4. MÁXIMO:

A função MÁXIMO retorna o valor máximo em um conjunto de dados.

Exemplo: **=MÁXIMO(A1:A10)**

### 5. MÍNIMO:

A função MÍNIMO retorna o valor mínimo em um conjunto de dados.

Exemplo: **=MÍNIMO(A1:A10)**

### 6. DESV.PAD:

A função DESV.PAD calcula o desvio padrão com base em uma amostra dos dados.

Exemplo: **=DESV.PAD(A1:A10)**

### 7. DESV.Q:

A função DESV.Q calcula o desvio quadrático médio com base em uma amostra dos dados.

Exemplo: **=DESV.Q(A1:A10)**

### 8. VAR.P:

A função VAR.P calcula a variância com base em uma amostra dos dados.

Exemplo: **=VAR.P(A1:A10)**

### 9. VAR.Q:

A função VAR.Q calcula a variância quadrática média com base em uma amostra dos dados.

Exemplo: **=VAR.Q(A1:A10)**

## 10. CORREL:

A função CORREL calcula o coeficiente de correlação entre duas séries de dados.

Exemplo: **=CORREL(A1:A10, B1:B10)**

## 11. RQUAD:

A função RQUAD retorna o coeficiente de determinação de uma linha de regressão ($R^2$).

Exemplo: **=RQUAD(A1:A10, B1:B10)**

## 12. NORM.DIST:

A função NORM.DIST calcula a probabilidade de que uma variável aleatória siga uma distribuição normal.

Exemplo: **=NORM.DIST(x, média, desvio_padrão, [cumulativo])**

## 13. NORM.INV:

A função NORM.INV retorna o valor inverso da função de distribuição cumulativa normal para um determinado valor de probabilidade.

Exemplo: **=NORM.INV(probabilidade, média, desvio_padrão)**

## 14. DISTR.T:

A função DISTR.T retorna a distribuição t de Student.

Exemplo: **=DISTR.T(x, graus_de_liberdade, [cumulativo])**

Estas são apenas algumas das muitas funções de estatísticas disponíveis no Excel 365. Você pode utilizar essas funções para realizar análises estatísticas em seus dados e obter insights importantes sobre suas informações. Certifique-se de consultar a documentação do Excel ou usar a função de ajuda para obter informações detalhadas sobre como usar cada função específica.

# FUNÇÕES DE PESQUISA E REFERÊNCIA

As funções de pesquisa e referência no Excel 365 são usadas para localizar, buscar e referenciar informações em planilhas. Elas são úteis quando você precisa encontrar valores específicos, combinar dados de diferentes fontes ou criar fórmulas complexas para análise de dados. Abaixo estão algumas das principais funções de pesquisa e referência disponíveis no Excel 365:

## 1. PROCV (VLOOKUP):

A função PROCV (ou VLOOKUP em inglês) pesquisa um valor em uma coluna e retorna um valor correspondente em outra coluna. É útil para pesquisar tabelas e criar relações entre dados.

Exemplo: **=PROCV(valor_a_ser_pesquisado, tabela_de_dados, número_da_coluna, [correspondência_exata])**

## 2. PROCH (HLOOKUP):

A função PROCH (ou HLOOKUP em inglês) é semelhante à PROCV, mas pesquisa valores em uma linha horizontal e retorna um valor correspondente em outra linha.

Exemplo: **=PROCH(valor_a_ser_pesquisado, tabela_de_dados, número_da_linha, [correspondência_exata])**

## 3. CORRESP:

A função CORRESP (ou MATCH em inglês) retorna a posição relativa de um valor em uma lista. É útil para encontrar a posição de um valor específico em uma coluna ou linha.

Exemplo: **=CORRESP(valor_a_ser_pesquisado, intervalo_de_pesquisa, [tipo_de_correspondência])**

## 4. ÍNDICE (INDEX):

A função ÍNDICE (ou INDEX em inglês) retorna o valor de uma célula em uma determinada posição em uma matriz. É útil para criar fórmulas dinâmicas que dependem de várias condições.

Exemplo: **=ÍNDICE(matriz, número_da_linha, número_da_coluna)**

### 5. DESLOC (OFFSET):

A função DESLOC (ou OFFSET em inglês) retorna um intervalo deslocado em relação a um ponto de partida. É útil para criar intervalos dinâmicos que se ajustam automaticamente a mudanças nos dados.

Exemplo: **=DESLOC(ponto_de_partida, linhas, colunas, [altura], [largura])**

### 6. PRODUTOESCALAR (TRANSPOSE):

A função PRODUTOESCALAR (ou TRANSPOSE em inglês) inverte linhas e colunas em uma matriz. É útil quando você precisa transpor dados de linhas para colunas e vice-versa.

Exemplo: **=PRODUTOESCALAR(matriz)**

### 7. CONCATENAR (CONCATENATE):

A função CONCATENAR (ou CONCATENATE em inglês) combina várias strings de texto em uma única string. É útil para unir informações de diferentes células.

Exemplo: **=CONCATENAR(texto1, texto2, ...)**

### 8. TEXTO (TEXT):

A função TEXTO (ou TEXT em inglês) formata um valor numérico ou data em uma determinada representação de texto. É útil para personalizar a exibição de datas e números.

Exemplo: **=TEXTO(valor, formato)**

### 9. LOCALIZAR (FIND) e LOCALIZARB (SEARCH):

Essas funções procuram uma substring em uma string maior e retornam a posição onde a substring é encontrada.

Exemplo: **=LOCALIZAR(substring, string)** ou **=LOCALIZARB(substring, string)**

Essas são apenas algumas das muitas funções de pesquisa e referência disponíveis no Excel 365. Elas são fundamentais para trabalhar com dados complexos e realizar análises avançadas em planilhas. Certifique-se de consultar a documentação do Excel para obter informações detalhadas sobre como usar cada função específica.

# CAPÍTULO 9: INTEGRAÇÃO COM OUTRAS APLICAÇÕES

## IMPORTAR E EXPORTAR DADOS

Importar e exportar dados são tarefas essenciais ao trabalhar com o Excel 365, pois permitem que você mova informações entre o Excel e outras fontes de dados, como bancos de dados, arquivos CSV, sites da web e muito mais. Abaixo, você encontrará um guia sobre como importar e exportar dados no Excel 365:

**Importar Dados:**

1. **Importar de Arquivo:**

   - Abra o Excel 365.

   - Vá para a guia "Dados" na faixa de opções.

   - No grupo "Obter Dados Externos", escolha a fonte de dados (por exemplo, "De Arquivo" ou "De Texto/CSV").

   - Siga as instruções do assistente para selecionar o arquivo de origem e configurar as opções de importação, como delimitadores e formatos de coluna.

   - Após configurar as opções, os dados serão importados para uma nova planilha ou para a planilha atual.

2. **Importar de Banco de Dados:**

   - Vá para a guia "Dados" na faixa de opções.

   - No grupo "Obter Dados Externos", escolha a fonte de dados (por exemplo, "De Banco de Dados" ou "De Consulta OData").

   - Siga as instruções para conectar-se ao banco de dados, selecionar tabelas e configurar a consulta.

   - Os dados serão importados para uma nova planilha ou para a planilha atual.

3. **Importar de Web:**

- Vá para a guia "Dados" na faixa de opções.

- No grupo "Obter Dados Externos", escolha "De Web".

- Digite a URL do site da web que contém os dados que você deseja importar.

- Siga as instruções para navegar pelas páginas da web e selecionar os dados desejados.

- Os dados serão importados para uma nova planilha ou para a planilha atual.

## EXPORTAR DADOS:

1. **Exportar para Arquivo:**

- Selecione os dados que deseja exportar.

- Vá para a guia "Arquivo" na faixa de opções.

- Escolha "Salvar Como" e selecione o formato de arquivo desejado, como XLSX (padrão do Excel), CSV ou PDF.

- Siga as instruções para salvar o arquivo em seu local de escolha.

2. **Exportar para Banco de Dados:**

- Selecione os dados que deseja exportar.

- Vá para a guia "Dados" na faixa de opções.

- No grupo "Obter Dados Externos", escolha "Para Banco de Dados".

- Siga as instruções para configurar a conexão com o banco de dados de destino e mapear os campos.

- Os dados serão exportados para o banco de dados.

3. **Exportar para Web:**

- Vá para a guia "Arquivo" na faixa de opções.

- Escolha "Publicar na Web" para criar uma versão interativa de seus dados online.

- Siga as instruções para configurar as opções de publicação.

- Você receberá um link que pode ser compartilhado com outras pessoas para acessar os dados online.

Lembrando que as etapas exatas podem variar dependendo da versão específica do Excel 365 que você está usando e das fontes de dados envolvidas. Certifique-se de seguir as instruções fornecidas nas caixas de diálogo e assistentes específicos para cada tipo de importação ou exportação de dados.

## VÍNCULOS COM O WORD E POWERPOINT

No Excel 365, você pode criar vínculos com o Word e o PowerPoint para incorporar ou vincular dados e gráficos diretamente nos documentos ou apresentações. Essa integração facilita a atualização automática dos dados no Word ou PowerPoint sempre que ocorrerem alterações no Excel. Abaixo, vou explicar como criar vínculos entre o Excel 365, o Word e o PowerPoint:

**Vincular Dados do Excel em um Documento do Word ou Apresentação do PowerPoint:**

1. Abra seu documento no Word ou apresentação no PowerPoint.

2. Posicione o cursor onde deseja inserir os dados do Excel.

3. Vá para a guia "Inserir" no Word ou PowerPoint.

4. No grupo "Texto", clique em "Planilha do Microsoft Excel" (no Word) ou "Planilha do Microsoft Excel 365" (no PowerPoint).

5. Selecione o arquivo do Excel desejado que contém os dados que você deseja vincular e clique em "Inserir".

6. A planilha do Excel será incorporada como um objeto vinculado no seu documento ou apresentação.

**Configurar as Opções de Vínculo:**

Depois de incorporar a planilha, você pode configurar as opções de vínculo para definir como deseja que os dados sejam atualizados:

1. Clique com o botão direito no objeto incorporado (a planilha do Excel).

2. Selecione "Vincular Dados".

3. Na caixa de diálogo "Vincular Dados do Excel", você pode escolher o intervalo de células do Excel a ser vinculado e definir opções para atualização automática, como atualização ao abrir o arquivo ou a intervalos de tempo específicos.

4. Clique em "OK" para aplicar as configurações.

Agora, sempre que você atualizar os dados no arquivo do Excel vinculado, as alterações também serão refletidas automaticamente no documento do Word ou na apresentação do PowerPoint quando você abrir ou atualizar o arquivo.

Isso permite que você mantenha seus documentos e apresentações sempre atualizados com os dados mais recentes do Excel, o que é especialmente útil quando você precisa criar relatórios ou apresentações baseadas em dados que mudam com frequência. Certifique-se de que os arquivos de origem e destino estejam sempre disponíveis no mesmo local para que os vínculos funcionem corretamente.

## INTEGRAÇÃO COM O MICROSOFT 365 E SHAREPOINT

O Microsoft 365 e o SharePoint oferecem uma integração poderosa com o Excel 365, permitindo que você compartilhe, colabore e acesse documentos e dados de maneira eficaz. Aqui estão algumas maneiras de integrar o Excel 365 com o Microsoft 365 e o SharePoint:

**1. Armazenamento e Colaboração no OneDrive e SharePoint:**

O Microsoft 365 inclui o OneDrive for Business para armazenamento em nuvem e o SharePoint Online para colaboração em equipe. Você pode salvar suas planilhas do Excel 365 no OneDrive ou no SharePoint para:

- **Colaboração em Tempo Real:** Vários usuários podem colaborar em uma planilha do Excel ao mesmo tempo, fazendo edições em tempo real.

- **Controle de Versões:** O histórico de versões permite que você veja as alterações feitas em uma planilha e restaure versões anteriores.

- **Acesso Remoto:** Acesse suas planilhas de qualquer lugar com uma conexão à internet.

## 2. Compartilhamento e Colaboração:

- **Compartilhamento de Links:** Você pode compartilhar um link para sua planilha diretamente do Excel 365. Isso permite que outras pessoas visualizem e editem a planilha sem a necessidade de baixar uma cópia local.

- **Permissões e Colaboração:** Você pode definir permissões específicas para colaboradores, permitindo que eles vejam, editem ou apenas visualizem a planilha.

## 3. Integração com Microsoft Teams:

O Microsoft Teams é uma plataforma de comunicação e colaboração integrada ao Microsoft 365. Você pode incorporar planilhas do Excel diretamente em conversas e canais do Teams, tornando mais fácil compartilhar informações e colaborar com sua equipe.

## 4. Power Query para Importação de Dados:

O Power Query, uma ferramenta no Excel, permite importar dados do SharePoint Online diretamente em suas planilhas. Você pode criar conexões para importar listas, tabelas e outros dados do SharePoint.

## 5. Power Automate (anteriormente conhecido como Microsoft Flow):

O Power Automate permite criar fluxos de trabalho automatizados para integrar o Excel com outros aplicativos do Microsoft 365. Você pode, por exemplo, criar um fluxo que envie um e-mail ou crie um evento no calendário sempre que determinadas condições são atendidas em uma planilha do Excel.

## 6. Publicação de Planilhas no SharePoint:

Você pode publicar uma planilha no SharePoint para compartilhar informações com outras pessoas. Isso cria uma exibição interativa da planilha no SharePoint que pode ser acessada por navegadores da web.

## 7. Integração com Grupos do Microsoft 365:

Os Grupos do Microsoft 365 são espaços de colaboração que combinam recursos do SharePoint, Exchange e outros aplicativos. Você pode criar planilhas do Excel diretamente dentro de grupos e colaborar com outros membros do grupo.

Essas são apenas algumas das maneiras de integrar o Excel 365 com o Microsoft 365 e o SharePoint. A integração entre esses aplicativos permite uma colaboração eficiente e o acesso simplificado a dados e documentos em toda a organização. Certifique-se de configurar as permissões e as configurações de compartilhamento de acordo com as necessidades da sua equipe e organização.

# CAPÍTULO 10: DICAS AVANÇADAS E TRUQUES

vamos explorar algumas dicas avançadas e truques no Excel 365:

## ATALHOS DE TECLADO ÚTEIS:

- **F2:** Editar a célula ativa.

- **Ctrl + setas:** Navegar rapidamente pelas células.

- **Ctrl + Shift + setas:** Selecionar um intervalo de células.

- **Ctrl + Espaço:** Selecionar a coluna inteira da célula ativa.

- **Shift + Espaço:** Selecionar a linha inteira da célula ativa.

- **Ctrl + ;:** Inserir a data atual em uma célula.

- **Ctrl + Shift + ;:** Inserir a hora atual em uma célula.

- **Ctrl + ' (apóstrofo):** Copiar a fórmula da célula acima.

- **Ctrl + Shift + $:** Aplicar formato de moeda a uma célula.

- **Ctrl + 1:** Abrir a caixa de diálogo Formatar Células.

- **Alt + Enter:** Inserir uma quebra de linha em uma célula de texto.

**Personalização do Excel:**

- **Barra de Ferramentas de Acesso Rápido:** Você pode personalizar esta barra com comandos frequentemente usados.

- **Guia de Faixa de Opções:** Você pode personalizar a faixa de opções para incluir guias e grupos específicos para suas necessidades.

- **Temas e Estilos:** Você pode aplicar temas e estilos de cores para personalizar a aparência das planilhas.

## TÉCNICAS AVANÇADAS DE FORMATAÇÃO:

- **Formatação Condicional:** Use-a para realçar células com base em regras predefinidas.

- **Mesclar e Centralizar:** Mas use com moderação para evitar problemas na ordenação e filtragem.

- **Controle de Quebra de Texto:** Para ajustar a altura das células para exibir todo o texto.

- **Formato de Tabela:** Transforme seu intervalo de dados em uma tabela para facilitar a classificação, filtragem e formatação.

**Uso de Macros Avançadas:**

- **Gravador de Macros:** Use-o para gravar sequências de ações e, em seguida, reproduzi-las automaticamente sempre que precisar.

- **Editor VBA:** Acesse o Visual Basic for Applications para escrever macros personalizadas e automatizar tarefas complexas.

- **Eventos da Planilha:** Configure macros para serem executadas automaticamente quando eventos específicos ocorrerem em uma planilha, como ao abrir ou fechar.

Lembre-se de que o uso de macros avançadas requer conhecimento de programação VBA e pode ser poderoso, mas também requer cuidado para evitar erros.

Essas são apenas algumas dicas avançadas e truques no Excel 365. À medida que você se torna mais familiarizado com o Excel e suas capacidades avançadas, poderá explorar ainda mais recursos e personalizações para atender às suas necessidades específicas.

# CAPÍTULO 11: SOLUÇÃO DE PROBLEMAS E SUPORTE

## RESOLUÇÃO DE PROBLEMAS COMUNS:

1. **Problemas de Fórmulas:** Se suas fórmulas não estão funcionando como esperado, verifique a sintaxe e os operadores. Use a função "Avaliar Fórmula" para depurar fórmulas complexas.

2. **Arquivos Corrompidos:** Se um arquivo do Excel estiver corrompido, tente abrir uma versão anterior salva ou use a opção "Abrir e Reparar" do Excel.

3. **Lentidão do Excel:** Se o Excel estiver lento, considere desativar suplementos desnecessários e otimizar suas planilhas para melhor desempenho.

4. **Erros ao Abrir Arquivos:** Se você não consegue abrir um arquivo, verifique se ele não está bloqueado por outro usuário ou se o arquivo não está danificado.

5. **Problemas de Impressão:** Se você está tendo problemas ao imprimir, verifique as configurações da impressora e as opções de impressão no Excel.

**Recursos de Suporte Online:**

1. **Centro de Ajuda do Microsoft Office:** A Microsoft oferece uma extensa base de conhecimento online com artigos e tutoriais sobre o Excel 365. Você pode acessá-lo em suporte.office.com.

2. **Comunidade do Excel:** A Microsoft possui uma comunidade online onde você pode fazer perguntas, obter respostas de outros usuários e participar de discussões relacionadas ao Excel. Você pode acessá-la em answers.microsoft.com.

**Fóruns de Ajuda da Comunidade:**

Além dos recursos de suporte da Microsoft, existem muitos fóruns de ajuda da comunidade onde você pode obter assistência de outros usuários do Excel. Alguns dos fóruns populares incluem:

1. **Stack Overflow:** O Stack Overflow tem uma seção dedicada ao Excel, onde você pode fazer perguntas, obter respostas e compartilhar seu conhecimento. Visite stackoverflow.com/questions/tagged/excel.

2. **MrExcel:** O MrExcel é uma comunidade online voltada para o Excel, com fóruns ativos e uma grande base de conhecimento. Visite mrexcel.com.

3. **Excel Forum:** Este é um fórum independente com uma comunidade ativa de usuários do Excel. Visite excelforum.com.

4. **Reddit /r/excel:** O subreddit /r/excel é uma comunidade no Reddit onde os usuários discutem problemas, compartilham dicas e oferecem ajuda relacionada ao Excel. Visite reddit.com/r/excel.

Ao enfrentar problemas ou dúvidas no Excel 365, esses recursos de suporte online e fóruns de ajuda da comunidade podem ser inestimáveis para encontrar soluções e orientações de outros usuários experientes. Certifique-se de usar esses recursos sempre que necessário para obter assistência e melhorar suas habilidades no Excel.

# CAPÍTULO 12: EXERCÍCIOS E PROJETOS PRÁTICOS

Aqui estão algumas séries de exercícios práticos para aplicar os conhecimentos adquiridos no Excel 365. Cada conjunto de exercícios aborda uma área específica do Excel, permitindo que você pratique suas habilidades de forma mais direcionada. Lembre-se de que a prática constante é fundamental para se tornar um usuário experiente no Excel.

## EXERCÍCIOS BÁSICOS:

1. **Familiarização com a Interface:** Abra o Excel e explore a interface. Crie uma nova planilha, insira dados simples, formate células e salve o arquivo.

2. **Operações Básicas:** Realize operações matemáticas simples, como soma, subtração, multiplicação e divisão. Crie fórmulas para calcular resultados.

3. **Formatação de Células:** Formate células para diferentes formatos de número, datas e texto. Aplique estilos e cores de célula.

4. **Gráficos Básicos:** Crie um gráfico de barras ou um gráfico de pizza com seus próprios dados. Personalize a aparência do gráfico.

## EXERCÍCIOS INTERMEDIÁRIOS:

5. **Fórmulas e Funções:** Use funções como SOMA, MÉDIA, MÁXIMO, MÍNIMO e CONCATENAR para realizar cálculos e manipular texto.

6. **Formatação Condicional:** Aplique formatação condicional para realçar automaticamente células com base em critérios específicos.

7. **Tabelas e Gráficos Dinâmicos:** Converta seus dados em uma tabela e crie um gráfico dinâmico que se atualiza automaticamente quando você adiciona ou altera dados.

# EXERCÍCIOS AVANÇADOS:

8. **Fórmulas Avançadas:** Use funções mais avançadas, como PROCV, SOMASE, CONT.SE e outras, para realizar análises complexas.

9. **Macros:** Grave e execute macros para automatizar tarefas repetitivas, como formatação de relatórios.

10. **Importação de Dados Externos:** Importe dados de um arquivo CSV ou banco de dados externo e crie fórmulas para analisar esses dados.

11. **Solver e Análise de Cenários:** Use a ferramenta Solver para otimizar decisões e realize análises de cenários para explorar diferentes resultados.

12. **VBA (Visual Basic for Applications):** Escreva um código VBA personalizado para realizar uma tarefa específica no Excel.

# EXERCÍCIOS ESPECÍFICOS:

13. **Orçamento Pessoal:** Crie uma planilha de orçamento pessoal que rastreie despesas, receitas e calcule o saldo.

14. **Gerenciamento de Estoque:** Crie uma planilha para rastrear o estoque de produtos, calcular o valor total e definir alertas de reposição.

15. **Acompanhamento de Projetos:** Desenvolva uma planilha para rastrear tarefas, prazos e o progresso de um projeto.

16. **Relatórios de Vendas:** Crie um relatório de vendas que inclua gráficos dinâmicos para visualizar os dados de vendas ao longo do tempo.

Esses exercícios ajudarão você a aplicar seus conhecimentos no Excel 365 em uma variedade de cenários do mundo real. À medida que você progride de exercícios básicos para exercícios avançados, sua confiança e habilidades no Excel continuarão a crescer. Certifique-se de experimentar e explorar diferentes funcionalidades do Excel à medida que avança nos exercícios.

# APÊNDICES

**Teclas de Atalho do Excel 365:**

- **Ctrl + N:** Abrir uma nova pasta de trabalho.

- **Ctrl + O:** Abrir um arquivo existente.

- **Ctrl + S:** Salvar o arquivo atual.

- **Ctrl + P:** Imprimir o arquivo.

- **Ctrl + C:** Copiar a seleção.

- **Ctrl + X:** Recortar a seleção.

- **Ctrl + V:** Colar o conteúdo da área de transferência.

- **Ctrl + Z:** Desfazer a última ação.

- **Ctrl + Y:** Refazer a última ação.

- **Ctrl + F:** Abrir a caixa de diálogo "Localizar e Substituir".

- **Ctrl + H:** Abrir a caixa de diálogo "Substituir".

- **Ctrl + A:** Selecionar todas as células na planilha.

- **Ctrl + Shift + L:** Adicionar ou remover filtros na planilha.

- **Ctrl + F2:** Mostrar a prévia de impressão.

- **Ctrl + ` (acento grave):** Alternar entre exibir fórmulas e resultados.

- **F2:** Editar a célula ativa.

- **F4:** Repetir a última ação.

- **Alt + Enter:** Inserir uma quebra de linha em uma célula de texto.

- **Alt + E, S, V:** Colar valores apenas (sem formatação).

- **Alt + E, S, T:** Colar formatos apenas (sem valores).

- **Alt + E, S, F:** Colar fórmulas apenas.

# GLOSSÁRIO DE TERMOS:

- **Célula:** A menor unidade de uma planilha, onde você pode inserir dados, fórmulas ou texto.

- **Planilha:** Uma folha de cálculo dentro de uma pasta de trabalho, que contém células organizadas em colunas e linhas.

- **Fórmula:** Uma equação que realiza cálculos em dados nas células.

- **Função:** Uma fórmula pré-construída que executa cálculos específicos, como SOMA, MÉDIA ou PROCV.

- **Gráfico:** Uma representação visual dos dados em uma planilha.

- **Formatação Condicional:** A formatação de células baseada em critérios predefinidos.

- **Tabela Dinâmica:** Uma ferramenta para resumir e analisar grandes conjuntos de dados.

- **Filtro:** Uma opção para ocultar temporariamente os dados indesejados em uma planilha.

- **Macro:** Um conjunto de comandos automatizados que executa tarefas específicas.

- **VBA (Visual Basic for Applications):** Uma linguagem de programação usada para criar macros no Excel.

## RECURSOS ADICIONAIS:

- **Centro de Ajuda do Microsoft Office:** suporte.office.com

- **Comunidade do Excel da Microsoft:** answers.microsoft.com

- **Stack Overflow - Excel:** stackoverflow.com/questions/tagged/excel

- **MrExcel - Fórum do Excel:** mrexcel.com

- **Reddit /r/excel:** reddit.com/r/excel

Este apêndice contém informações úteis para referência rápida e aprofundamento no Excel 365, incluindo teclas de atalho, um glossário de termos comuns e recursos adicionais para obter assistência e aprender mais sobre o Excel. À medida que você explora o Excel e realiza tarefas diversas, consulte este apêndice para encontrar informações relevantes e recursos de suporte.

# CONCLUSÃO

## CONCLUSÃO - EXCEL 365: EXPLORE AS POSSIBILIDADES

O Microsoft Excel 365 é uma ferramenta poderosa para análise de dados, criação de relatórios, automação de tarefas e muito mais. Neste guia abrangente, exploramos os principais tópicos e recursos do Excel 365 para ajudá-lo a se tornar um usuário mais proficiente. Recapitularemos alguns dos principais tópicos cobertos:

1. **Introdução ao Excel 365:**

   - Conheça a interface do Excel 365, incluindo a faixa de opções, guias e barras de ferramentas.

   - Aprenda a criar, salvar e abrir pastas de trabalho.

2. **Trabalhando com Dados:**

   - Insira dados em células, formate-os e organize-os em planilhas.

   - Explore as opções de classificação e filtragem para gerenciar dados.

3. **Fórmulas e Funções:**

   - Utilize fórmulas para realizar cálculos complexos.

   - Aprenda a usar funções como SOMA, MÉDIA, PROCV e muito mais.

4. **Formatação e Estilos:**

   - Formate células e planilhas para tornar seus dados mais legíveis e atraentes.

   - Use estilos e temas para aplicar formatação consistente.

5. **Gráficos e Visualizações:**

   - Crie gráficos para representar visualmente seus dados.

   - Personalize gráficos para transmitir informações de maneira eficaz.

6. **Análise de Dados Avançada:**

   - Explore ferramentas como Tabelas Dinâmicas, Solver e Análise de Cenários para análises avançadas.

   - Automatize tarefas com macros e o Visual Basic for Applications (VBA).

7. **Colaboração e Integração:**

   - Compartilhe pastas de trabalho e colabore com outros usuários.

   - Integre o Excel 365 com outras ferramentas do Microsoft 365 e o SharePoint.

8. **Dicas Avançadas e Truques:**

   - Utilize atalhos de teclado para acelerar o trabalho no Excel.

   - Personalize a interface, formatação e aprenda técnicas avançadas.

9. **Resolução de Problemas e Suporte:**

   - Saiba como resolver problemas comuns no Excel 365.

   - Acesse recursos de suporte online e fóruns da comunidade para obter ajuda.

Este guia serviu como uma introdução abrangente ao Excel 365, mas lembre-se de que o Excel é uma ferramenta rica e versátil, com muito mais para explorar. Continue praticando, experimentando e expandindo seu conhecimento para se tornar um usuário habilidoso no Excel 365. O Excel é uma ferramenta valiosa para profissionais de todas as áreas, e suas habilidades no Excel podem abrir portas para oportunidades de carreira e melhorar sua eficiência no trabalho. Continue aprendendo e aproveitando ao máximo esta ferramenta poderosa!

# 10 EXERCÍCIOS PRÁTICOS DO EXCEL COM RESOLUÇÕES DETALHADAS PARA CADA UM:

## EXERCÍCIO 1: SOMA SIMPLES

Dados: A1=15, A2=20, A3=30 Calcule a soma dos valores nas células A1, A2 e A3.

**Resolução 1:**

- Use a fórmula **=A1+A2+A3** para calcular a soma dos valores.

- O resultado é 65.

## EXERCÍCIO 2: MÉDIA DE VALORES

Dados: A1=85, A2=92, A3=78, A4=95, A5=88 Calcule a média das notas nas células A1 a A5.

**Resolução 2:**

- Use a fórmula **=MÉDIA(A1:A5)** para calcular a média das notas.

- O resultado é 87.6.

## EXERCÍCIO 3: DESCONTO PERCENTUAL

Dados: A1=100, B1=20% (representando um desconto de 20%) Calcule o valor com desconto.

**Resolução 3:**

- Use a fórmula **=A1*(1-B1)** para calcular o valor com desconto.

- O resultado é 80.

# EXERCÍCIO 4: CÁLCULO DE IDADE

Dados: A1=1990 (ano de nascimento) Calcule a idade com base no ano de nascimento.

**Resolução 4:**

- Use a fórmula **=ANO(HOJE())-A1** para calcular a idade.

- Se a fórmula for aplicada em 2023, o resultado será 33.

# EXERCÍCIO 5: CONVERSÃO DE MOEDA

Dados: A1=100 (em dólares), B1=0.85 (taxa de câmbio para euros) Converta o valor de dólares para euros.

**Resolução 5:**

- Use a fórmula **=A1*B1** para converter o valor para euros.

- O resultado é 85 euros.

# EXERCÍCIO 6: CLASSIFICAÇÃO DE DADOS

Dados: A1=Maçã, A2=Banana, A3=Laranja Ordene os dados em ordem alfabética.

**Resolução 6:**

- Selecione as células A1 a A3, vá para a guia "Dados" e escolha "Classificar A a Z".

- Os dados serão classificados em ordem alfabética.

# EXERCÍCIO 7: CÁLCULO DE PERCENTUAL

Dados: A1=80, A2=100 Calcule a porcentagem representada por A1 em relação a A2.

**Resolução 7:**

* Use a fórmula **=A1/A2** para calcular a porcentagem.

* O resultado é 80%.

# EXERCÍCIO 8: GRÁFICO DE BARRAS SIMPLES

Dados: A1=Produto A, A2=Produto B, B1=120, B2=90 Crie um gráfico de barras que represente a venda dos produtos.

**Resolução 8:**

* Selecione os dados A1:B2, vá para a guia "Inserir" e escolha "Gráfico de Barras".

* Um gráfico de barras será criado.

# EXERCÍCIO 9: TABELA DINÂMICA

Dados: A1=Produto, A2=Vendas, B1=Produto A, B2=Produto B, C1=120, C2=90 Crie uma tabela dinâmica que resuma as vendas por produto.

**Resolução 9:**

* Selecione os dados A1:C2, vá para a guia "Inserir" e escolha "Tabela Dinâmica".

* Configure a tabela dinâmica para resumir as vendas por produto.

# EXERCÍCIO 10: FORMATAÇÃO CONDICIONAL

Dados: A1=85, A2=92, A3=78, A4=95, A5=88 Formate as células com notas abaixo de 80 em vermelho.

**Resolução 10:**

- Selecione as células A1:A5, vá para a guia "Página Inicial" e escolha "Formatação Condicional".

- Defina uma regra para formatar células com valores menores que 80 em vermelho.

Esses exercícios práticos do Excel abrangem uma variedade de tarefas comuns e recursos. Pratique cada exercício para aprimorar suas habilidades no Excel 365.

# MENSAGEM DO AUTOR – VITORIPA.BR

**Caro Aluno de Excel 365,**

Chegamos ao final desta jornada na qual exploramos os caminhos complexos e fascinantes do Excel 365. Espero que este desenrola de nossa caminhada, tenha sido um guia valioso em sua busca por conhecimento e domínio desta poderosa ferramenta.

Lembre-se sempre de que o conhecimento adquirido é apenas o começo. A prática constante é o que transforma habilidades em maestria. Portanto, continue explorando, experimentando e desafiando seus limites.

Neste ponto de partida, encorajamos você a aplicar o que aprendeu. Utilize o Excel não apenas como uma ferramenta, mas como um aliado que pode impulsionar suas ideias, projetos e metas.

Não tema os desafios que surgirão, pois são eles que nos impulsionam para frente. Cada fórmula aprendida, cada gráfico criado e cada análise feita é um passo em direção ao domínio completo desta ferramenta versátil.

Agora, o palco está montado para você escrever sua própria história com o Excel 365. Deixe sua criatividade e conhecimento fluírem, transformando dados em informações valiosas e obstáculos em oportunidades.

Agradecemos por embarcar nesta jornada conosco. Continue sua busca pelo saber e que seu trajeto seja repleto de sucessos e realizações.

Atenciosamente,

Vitoripa.BR

# ANOTAÇÕES